Reforços

HEIDI GRANT

Reforços

Como Fazer as Pessoas Ajudarem Você

ALTA BOOKS
GRUPO EDITORIAL
Rio de Janeiro, 2023

Reforços

Copyright © 2023 da Starlin Alta Editora e Consultoria Eireli.
ISBN: 978-85-508-2070-5

Translated from original Reinforcements. Copyright © 2018 by Heidi Grant. ISBN 978-1-6336-9235-0. This translation is published and sold by permission of Harvard Business Review Press, the owner of all rights to publish and sell the same. PORTUGUESE language edition published by Starlin Alta Editora e Consultoria Eireli, Copyright © 2023 by Starlin Alta Editora e Consultoria Eireli.

Impresso no Brasil – 1ª Edição, 2023 – Edição revisada conforme o Acordo Ortográfico da Língua Portuguesa de 2009.

Todos os direitos estão reservados e protegidos por Lei. Nenhuma parte deste livro, sem autorização prévia por escrito da editora, poderá ser reproduzida ou transmitida. A violação dos Direitos Autorais é crime estabelecido na Lei nº 9.610/98 e com punição de acordo com o artigo 184 do Código Penal.

A editora não se responsabiliza pelo conteúdo da obra, formulada exclusivamente pelo(s) autor(es).

Marcas Registradas: Todos os termos mencionados e reconhecidos como Marca Registrada e/ou Comercial são de responsabilidade de seus proprietários. A editora informa não estar associada a nenhum produto e/ou fornecedor apresentado no livro.

Erratas e arquivos de apoio: No site da editora relatamos, com a devida correção, qualquer erro encontrado em nossos livros, bem como disponibilizamos arquivos de apoio se aplicáveis à obra em questão.

Acesse o site www.altabooks.com.br e procure pelo título do livro desejado para ter acesso às erratas, aos arquivos de apoio e/ou a outros conteúdos aplicáveis à obra.

Suporte Técnico: A obra é comercializada na forma em que está, sem direito a suporte técnico ou orientação pessoal/exclusiva ao leitor.

A editora não se responsabiliza pela manutenção, atualização e idioma dos sites referidos pelos autores nesta obra.

```
Dados Internacionais de Catalogação na Publicação (CIP) de acordo com ISBD

G761r    Grant, Heidi
            Reforços: como fazer as pessoas ajudarem você / Heidi Grant ;
         traduzido por Helena Coutinho. - Rio de Janeiro : Alta Books, 2023.
            192 p. ; 16cm x 23cm.

            Tradução de: Reinforcements: How to Get People to Help You
            Inclui índice e bibliografia.
            ISBN: 978-85-508-2070-5

            1. Autoajuda. I. Coutinho, Helena. II. Título.

2023-77                                              CDD 158.1
                                                     CDU 159.947

            Elaborado por Odilio Hilario Moreira Junior - CRB-8/9949
```

Produção Editorial
Editora Alta Books

Diretor Editorial
Anderson Vieira
anderson.vieira@altabooks.com.br

Editor
José Ruggeri
j.ruggeri@altabooks.com.br

Gerência Comercial
Claudio Lima
claudio@altabooks.com.br

Gerência Marketing
Andréa Guatiello
andrea@altabooks.com.br

Coordenação Comercial
Thiago Biaggi

Coordenação de Eventos
Viviane Paiva
comercial@altabooks.com.br

Coordenação ADM/Finc.
Solange Souza

Coordenação Logística
Waldir Rodrigues
logistica@altabooks.com.br

Direitos Autorais
Raquel Porto
rights@altabooks.com.br

Produtor Editorial
Thales Silva

Produtores Editoriais
Illysabelle Trajano
Maria de Lourdes Borges
Paulo Gomes
Thiê Alves

Equipe Comercial
Adenir Gomes
Ana Carolina Marinho
Ana Claudia Lima
Daiana Costa
Everson Sete
Kaique Luiz
Luana Santos
Maira Conceição
Natasha Sales

Equipe Editorial
Beatriz de Assis
Betânia Santos
Brenda Rodrigues
Caroline David
Gabriela Paiva
Henrique Waldez
Kelry Oliveira
Marcelli Ferreira
Mariana Portugal
Matheus Mello
Milena Soares

Marketing Editorial
Amanda Mucci
Guilherme Nunes
Livia Carvalho
Pedro Guimarães
Thiago Brito

Atuaram na edição desta obra:

Tradução
Helena Coutinho

Copidesque
Wendy Campos

Revisão Gramatical
Denise Elisabeth Himpel
Hellen Suzuki

Diagramação
Joyce Matos

Editora afiliada à:

ASSOCIADO

ALTA BOOKS
GRUPO EDITORIAL

Rua Viúva Cláudio, 291 – Bairro Industrial do Jacaré
CEP: 20.970-031 – Rio de Janeiro (RJ)
Tels.: (21) 3278-8069 / 3278-8419
www.altabooks.com.br – altabooks@altabooks.com.br
Ouvidoria: ouvidoria@altabooks.com.br

Agradecimentos

Acabei de escrever um livro sobre como fazer as pessoas o ajudarem. E se você tinha qualquer dúvida sobre a minha qualificação para escrever este livro, vou acabar com os seus medos agora. Sempre recebi *muita* ajuda — então é lógico que sei algo sobre como consegui-la, não?

Para começo de conversa, sou, como sempre, grata à minha mãe, Sigrid Grant, que tem sido minha maior apoiadora e mais valiosa conselheira. Ela me ajuda com tudo — realmente tudo — sem que eu nem *precise* pedir. Ela é sensacional.

Falando em ser sensacional, obrigada à minha extraordinária editora-praticamente-coautora Sarah Green Carmichael. Dizer que ela salvou este livro — e a minha sanidade — não é nem um pouco exagerado. Suas percepções e orientações estão em todos os lugares, em todas as páginas. Se você gostar deste livro e achar que foi útil, agradeça a Sarah.

Agradeço também ao incrivelmente paciente e encorajador Tim Sullivan, diretor editorial da Harvard Business Review Press, que me ajudou a moldar a ideia para o livro e então esperou, sem nunca reclamar, até que eu finalmente começasse a escrever.

Falando nisso, deixo aqui meus profundos agradecimentos a todos da HBR que trabalharam neste livro e nos anteriores.

Este livro e todos os que já escrevi não seriam o que são sem meu amigo e renomado agente literário, Giles Anderson. Ele é particularmente talentoso em distinguir minhas ideias boas das terríveis. Até agora, ele só acertou. Por tornar possível a minha carreira como autora, Giles, meu muito obrigada.

Aos meus amigos e colegas que ajudaram a moldar as ideias deste livro, me deram dicas de ótimas pesquisas e histórias e apontaram tudo o que eu poderia ter deixado passar, agradeço a: Drake Baer, Vanessa Bohns, Jay Dixit, Adam Grant (garanto que não somos parentes), Tory Higgins, David Rock, Thomas Wedell-Wedellsborg, Tessa V. West e Jay Van Bavel.

E numa nota pessoal, obrigada, Joseph Francis, por sempre ser o amigo de quem preciso, de todas as maneiras que preciso que você seja. De algum modo, você transformou um dos momentos mais difíceis da minha vida em um dos mais felizes.

Finalmente, sou grata aos meus dois filhos, Annika e Max. Eles não ajudaram muito com o livro, para ser honesta. Mas tornam a minha vida incrível.

Sobre a Autora

Heidi Grant é doutora em psicologia social, diretora global de Pesquisa e Desenvolvimento no NeuroLeadership Institute e diretora associada do Motivation Science Center da Universidade de Columbia. É autora dos best-sellers internacionais *Nove Atitudes das Pessoas Bem-sucedidas*, *Sucesso: Como Alcançar Suas Metas*, *No One Understands You and What to Do about It* e *Focus: Use Different Ways of Seeing the World for Success and Influence* (com E. Tory Higgins).

Ela é colaboradora frequente da *Harvard Business Review*, *strategy+business*, *Fast Company*, *99U*, *The Atlantic* e *Psychology Today* e foi listada como uma das principais formadoras de opinião em gestão pela Thinkers50.

Heidi obteve seu doutorado na Universidade de Columbia, trabalhando com Carol Dweck (autora de *Mindset: A Nova Psicologia do Sucesso*).

Heidi e a família vivem em Pelham, NY.

Visite seu site: http://www.heidigrantphd.com/.

Sumário

Parte Um: Pedir Ajuda É Horrível

1. Nós Nos Sentimos Mal — 3
2. Acreditamos que os Outros Dirão Não — 19
3. Achamos que Pedir Ajuda Nos Torna Menos Agradáveis — 35

Parte Dois: Como Pedir Mesmo Assim

4. O Paradoxo Inerente aos Pedidos de Ajuda — 53
5. Os Quatro Passos para Obter a Ajuda de que Precisa — 73
6. Não Piore as Coisas — 91

Parte Três: Criando uma Cultura de Ajuda

7. O Reforço em Grupo — 111
8. O Reforço Positivo de Identidade — 131
9. O Reforço da Eficácia — 149

Referências Bibliográficas — 165
Índice — 175

Parte Um

Pedir Ajuda
É Horrível

Capítulo 1

Nós Nos Sentimos Mal

Levante a mão se você já pediu ajuda no trabalho ou em casa.

Levante a mão se você já se sentiu envergonhado ou idiota ao fazer isso.

Acredito que posso afirmar que a maioria de nós está balançando os braços freneticamente.

— Alina Tugend, "Why Is Asking for Help So Difficult?", *New York Times*, 7 de julho de 2007.

Eu realmente senti como se fosse morrer.

— Psicólogo Stanley Milgram, sobre pedir um assento a um passageiro do metrô.

Vanessa Bohns é professora de comportamento organizacional na Universidade Cornell e com Frank Flynn, seu frequente colaborador em Stanford, passou anos estudando como as pessoas pedem ajuda — ou, mais especificamente, por que elas relutam tanto em fazê-lo.

Seus estudos geralmente envolvem dizer aos participantes que eles terão que abordar estranhos e pedir um favor. Esses favores costumam ser inócuos: preencher uma pesquisa curta, guiá-los até um prédio específico do campus, emprestar o celular por um momento. Ninguém está pedindo grandes somas de dinheiro, meio litro de sangue ou o filho primogênito. Mesmo assim, tal como Bohns descreve: "Assim que dizemos a todos os participantes desses estudos [o que eles têm que fazer], a sensação de medo, ansiedade e pavor é palpável. O ambiente inteiro muda. É como se fosse a pior coisa que poderíamos pedir a essas pessoas."[1]

Você pode achar que participar de um dos experimentos de Bohns seja horrível, mas eles nem se comparam aos "estudos do metrô" dos anos 1970 de Stanley Milgram. (Talvez se lembre dele como o psicólogo controverso cujos estudos mais famosos — exigindo que participantes aplicassem o que acreditavam ser choques potencialmente fatais em outras pessoas — alteraram para sempre nossa compreensão sobre obediência à autoridade. Ao que parece, não era agradável participar de *nenhum* dos experimentos de Milgram.)

Um dia, depois de ouvir a mãe idosa reclamar que ninguém no metrô lhe oferecera o assento, Milgram se perguntou o que aconteceria se alguém simplesmente *pedisse* que um passageiro cedesse o assento. Então ele recrutou seus alunos de pós-graduação para descobrir. Pediu que embarcassem em vagões lotados na cidade de Nova York e pedissem a indivíduos aleatórios que cedessem seus assentos. A boa notícia: 68% das pessoas abriram mão dos assentos de boa vontade quando solicitadas. A má notícia: conduzir esse estudo foi — até hoje — uma das piores e mais traumáticas experiências que seus alunos passaram em toda a vida. Uma aluna, Kathryn Krogh, psicóloga clínica, lembra-se de sentir náusea na primeira vez em que abordou um passageiro. Outro aluno (e meu antigo professor), Maury Silver, só conseguiu fazer o pedido uma vez: "Comecei a pedir pelo assento do homem. Infelizmente, fiquei tão pálido e fraco que ele se levantou rapidamente e me colocou no banco."[2]

Milgram, um tanto cético quanto ao motivo de tanto alvoroço, decidiu tentar pedir ele mesmo um assento no metrô. Ficou em choque com o próprio desconforto; precisou de várias tentativas apenas para pronunciar as palavras, de tão paralisado que estava de medo. "Ao pedir o assento do homem, me senti aflito pela necessidade de me comportar de maneira que justificasse o pedido", disse. "Afundei a cabeça entre os joelhos e pude sentir meu rosto empalidecer. Não estava encenando. Eu realmente senti como se fosse morrer."[3]

Embora a ideia de pedir até mesmo uma pequena ajuda deixe a maioria de nós terrivelmente desconfortável, a verdade sobre o trabalho moderno é que dependemos, mais do que nunca, da cooperação e do apoio de outras pessoas. Ninguém é bem-sucedido sozinho, esteja você em uma posição de nível básico ou seja um dos chefões. Equipes multifuncionais, técnicas ágeis de gerenciamento de projetos e estruturas organizacionais matriciais ou que minimizam a hierarquia significam que estamos todos colaborando mais e tendo que sofrer a agonia de pedir ajuda regularmente. E não estou falando apenas sobre obter ajuda de seus colegas e pares; se você é um líder, também precisa descobrir como provocar e coordenar um comportamento prestativo e solidário das pessoas que está liderando. Indiscutivelmente, é isso o que gestão *significa*.

No entanto, nossa relutância em pedir ajuda significa que frequentemente não obtemos o apoio ou os recursos de que precisamos. Para piorar, nossa intuição sobre o que pode tornar os outros mais propensos a nos ajudar está, muitas vezes, completamente errada; nossas maneiras tímidas e desajeitadas de pedir ajuda costumam tornar as pessoas *menos* propensas a querer nos auxiliar. Odiamos criar inconvenientes para as pessoas e, inadvertidamente, fazemos com que elas se sintam compelidas a agir de determinada maneira.

Há um paradoxo inerente em *pedir* a ajuda de alguém: enquanto a ajuda dada de maneira livre e entusiástica faz com que a pessoa que ajuda se sinta bem, pesquisadores descobriram que os benefícios emocionais de ajudar os outros desaparecem quando os indivíduos se sentem controlados — quando são *instruídos* a ajudar, quando acreditam que *devem* ajudar ou quando sentem que simplesmente *não têm escolha* a não ser ajudar.[4]

Em outras palavras, um sentido de arbítrio pessoal — de que você está ajudando porque *quer* — é essencial para colher os benefícios psicológicos por oferecer apoio. Quando o indivíduo genuinamente não deseja ajudar, ele não tem nada a ganhar, exceto acabar com aquilo o mais rápido e com o mínimo esforço possível. E esse simples fato — mais do que qualquer outro — é o motivo pelo qual quis escrever este livro.

Nenhum de nós consegue viver sozinho. Todos precisamos de pessoas para nos apoiar, nos fazer favores, suprir nossas ausências e nos defender. E a probabilidade de as pessoas nos ajudarem é muito mais alta do que imaginamos. Mas, em muitos casos, pedimos ajuda de uma forma que faz as pessoas se sentirem controladas, em vez de dar a elas o que realmente precisam para *quererem* nos ajudar — e tornar a ajuda gratificante.

Por que as pessoas que nos ajudam não deveriam se sentir melhores consigo mesmas e com o mundo? Na minha opinião, devemos isso a elas. Se vamos pedir a alguém que use seu tempo e esforço preciosos por nós, o mínimo a fazer é garantir que nos ajudar o deixe em uma situação melhor, não pior.

Mas saber como fazer as pessoas quererem nos oferecer o melhor de si — e garantir que elas se beneficiem o máximo possível por nos ajudar — não é uma habilidade com o qual nascemos. Como verá nos próximos capítulos, compelir outras pessoas a agirem com entusiasmo para fazer o que você precisa, em resposta ao seu pedido, exige que você crie o ambiente certo e elabore o pedido de forma que elas fiquem felizes em ajudar.

Escolhi nomear este livro de *Reforços* porque há dois sentidos para a palavra "reforço", e cada um capta algo muito importante sobre a busca por apoio.

Um reforço é geralmente definido como a ação ou o processo de *fortalecimento*. Mas uma rápida busca no Google oferece estas duas subdefinições mais específicas:

1. Tropas extras enviadas para aumentar a força de um exército ou força similar.
2. O processo de estimular ou estabelecer uma crença ou um padrão de comportamento, especialmente por encorajamento ou recompensa.

A ideia de "tropas extras" necessárias para realizar tarefas é realmente a necessidade básica para a qual desenvolvi este livro. Atingir seu potencial máximo — profissional ou pessoal — exige que você entenda como recrutar reforços quando precisar deles. Para muitos de nós, "quando precisar deles" significa, literalmente, todos os dias.

A segunda acepção — de reforço como o estabelecimento de um "padrão de comportamento" — é o sentido mais técnico em que os psicólogos tendem a usar o termo. B. F. Skinner reconhecidamente chamou o uso de reforços para tornar comportamentos particulares mais prováveis de *condicionamento operante*. E embora os seres humanos não reajam exatamente da mesma maneira que os ratos e os pombos estudados por Skinner em laboratório, o princípio geral do condicionamento operante — de que certas consequências ou recompensas podem nos tornar mais propensos a querer nos engajar em um determinado comportamento, como ajudar outra pessoa necessitada — é o mesmo.

Este livro está organizado em três partes principais. A Parte Um é um mergulho profundo no motivo pelo qual geralmente odiamos pedir ajuda. Este é o primeiro e maior obstáculo para buscar ajuda: superar o pavor quase universal de realmente ir atrás dela. Você aprenderá o motivo pelo qual o nosso medo é tão equivocado, especificamente, quando e por que subestimamos a probabilidade de obter o apoio de que precisamos. Também aprenderá por que é inútil sentar e esperar que as pessoas *se ofereçam* para ajudar você.

Na Parte Dois, explico as maneiras corretas de pedir ajuda, apresentando técnicas que você pode usar não apenas para aumentar as chances de as pessoas quererem ajudá-lo, mas também para permitir que elas se sintam genuinamente bem ao fazê-lo. Abordaremos os tipos de informações básicas que as pessoas precisam de você para que possam fornecer assistência de alta qualidade. Você aprenderá a diferença vital entre *ajuda controlada* (quando as pessoas sentem, por diferentes razões, que não têm escolha a não ser ajudar) e *ajuda autônoma* (quando a assistência parece autêntica e espontânea para quem a oferece), e como a felicidade e o bem-estar de quem ajuda são afetados em cada tipo.

Na Parte Três, vamos nos aprofundar no motivo pelo qual os reforços (as pessoas) precisam de reforços (os motivadores). Você verá como criar uma ideia de "nós" — ao oferecer às pessoas uma maneira de se sentirem bem consigo mesmas e lhes proporcionar os meios para ver sua ajuda "funcionar" — fornece uma forma essencial de reforço para uma ajuda de alta qualidade. Se eu fosse do Vale do Silício em vez de uma psicóloga social de Nova York, diria que esta seção do livro é sobre como obter ajuda em escala — como reforçar o comportamento útil que você deseja ver mais, para que as pessoas ao seu redor se tornem mais prestativas sem serem solicitadas.

A dura verdade é que, se você não está recebendo o apoio de que precisa das pessoas em sua vida, geralmente é mais culpa sua do que imagina. Isso pode parecer cruel, mas todos achamos que nossas necessidades e motivações são mais óbvias do que de fato são, e que o que pretendíamos dizer corresponde perfeitamente ao que dissemos. Os psicólogos chamam isso de "ilusão da transparência", e ela é apenas isto: uma miragem. Você provavelmente não está cercado por preguiçosos inúteis — apenas pessoas que não têm ideia de que você precisa de ajuda ou de que tipo de ajuda precisa. A boa notícia? Podemos resolver esse problema facilmente. Munidos de um pouco de conhecimento, há esperança para que cada um de nós obtenha o apoio de que tanto precisa.

Em um trecho agora famoso de uma entrevista de quatro horas de duração para o *Archive of American Television*, o amado criador de programação infantil Fred Rogers ofereceu conselhos sobre como ajudar as crianças a entender e lidar com as coisas terríveis que às vezes acontecem no mundo: "Quando eu era menino e via coisas assustadoras no noticiário, minha mãe me dizia: 'Procure os ajudantes. Você sempre vai achar pessoas que estão ajudando... Se procurar os ajudantes, vai saber que há esperança.'"

Um belo sentimento que captura uma verdade ainda mais bonita — os seres humanos são, muito mais do que parece, programados para querer ajudar e apoiar uns aos outros. E suas vidas são imensuravelmente enriquecidas ao fazê-lo.

Seu Cérebro, em Dor Profunda

Muitas vezes, as pessoas se esforçam ao máximo para evitar ter que pedir um favor ou ajuda de qualquer tipo, mesmo quando sua necessidade é genuína. Meu pai pertencia a uma aparentemente incontável legião de homens que prefere dirigir por um pântano infestado de jacarés do que pedir instruções para encontrar a estrada, o que tornava um risco estar no carro com ele nos dias em que os telefones não tinham Google Maps. (Ele invariavelmente alegava que não havia errado o caminho, mas que "sempre quis saber o que tinha ali".)

Para entender por que pedir ajuda pode ser tão doloroso, é útil dar uma olhada em como os cérebros humanos funcionam. Você deve conhecer frases como "ele partiu meu coração" e "dor da rejeição". Pode ter sentido que a crítica de alguém foi como "um soco no estômago". Um dos insights mais interessantes que surgiram no campo ainda relativamente novo da neurociência social é que nosso cérebro processa a dor social — desconforto decorrente de nossas interações com outros — da mesma forma que processa a dor física de uma cãibra muscular ou de um dedo machucado. Em outras palavras, há mais verdade nessas figuras de linguagem do que você jamais imaginou.

Estudos da neurocientista social Naomi Eisenberger, da UCLA, mostraram que as experiências tanto da dor social quanto física envolvem uma área do cérebro chamada córtex cingulado anterior dorsal, ou dACC na sigla em inglês, que possui maior densidade de receptores opioides — responsáveis por sinalizar dor e recompensa — do que qualquer outra região do cérebro. Ser rejeitado ou tratado injustamente ativa o dACC do mesmo modo que uma dor de cabeça. Eisenberger e seu colaborador Nathan DeWall foram capazes de mostrar que tomar mil miligramas de Tylenol todo dia durante três semanas resultou em uma experiência de dor *social* significativamente menor em comparação a um grupo de controle que tomou um placebo. Tomar um analgésico tornou os participantes menos sensíveis às experiências cotidianas de rejeição. E, é claro, você ainda pode tratar sua dor de cabeça e sua ressaca ao mesmo tempo. (Por que ninguém está comercializando ibuprofeno para esse fim, não consigo imaginar.)

Mas por que o cérebro humano processaria um término de relacionamento do mesmo modo que faria com um braço quebrado? É porque a dor — física *e* social — é um sinal importante em nossa busca pela sobrevivência. Ela nos alerta de que algo está errado, que ferimos nossos corpos ou nossas conexões com outras pessoas, ambos os quais têm sido, durante a maior parte da história da humanidade, literalmente essenciais para a sobrevivência. Como outro neurocientista social da UCLA, Matt Lieberman (marido de Eisenberger e seu frequente colaborador), escreve em seu fascinante livro *Social*, "amor e pertencimento podem parecer uma mera conveniência sem a qual podemos viver, mas nossa biologia é construída para ansiar por conexão, pois ela está ligada às nossas necessidades de sobrevivência mais básicas".[5]

Os bebês humanos nascem muito mais indefesos e dependentes do que a prole de outras espécies de mamíferos. E os humanos adultos, em toda a sua esperteza, não são criaturas fisicamente formidáveis em comparação a nossos primos primatas. Sempre tivemos a necessidade de nos unir e cooperar com outros humanos para prosperar no mundo; sentir a dor social é o jeito do cérebro avisar que você pode estar prestes a ser expulso do bando.

David Rock, diretor do Instituto NeuroLeadership, passou anos pesquisando e escrevendo sobre os tipos específicos de ameaças sociais que podem criar uma resposta de dor — e todas as consequências infelizes que a acompanham, como menor memória de trabalho e perda de foco — em nossas interações cotidianas com os outros.[6] Ele dividiu a pesquisa em cinco categorias principais.

Dor por Ameaças ao Status

Status refere-se ao seu valor ou senso de valor em relação aos outros. É uma medida de sua posição em um grupo — se aqueles ao se redor o respeitam ou não. Sem que percebamos, nossos cérebros estão em constante comparação, nos avaliando em relação àqueles com quem trabalhamos e socializamos. (Pesquisas sugerem que as pessoas, com frequência, se dão recompensas de status ao se envolverem no que os psicólogos chamam de *comparação social descendente* — ao estrategicamente se comparar a alguém que está em pior situação, para que possam se sentir melhor em relação a si mesmas.) A sensação de que amigos ou colegas as desrespeitaram, contradisseram ou ignoraram cria uma forte ameaça ao status.

Dor por Ameaças à Segurança

Seres humanos têm um desejo forte e inato por previsões. Queremos saber o que está acontecendo ao nosso redor e, ainda mais importante, o que *vai* acontecer, para que estejamos preparados para enfrentar (ou fugir, se preciso). Algumas das maiores fontes de estresse que as pessoas experimentam em suas vidas pessoais e profissionais giram em torno de incertezas interpessoais de um tipo ou de outro, tal como a incerteza de não saber se seu relacionamento com um parceiro romântico vai durar ou de se perguntar se ainda terá emprego após a empresa em que você trabalha passar por uma fusão.

Dor por Ameaças à Autonomia

Junto ao desejo por previsões, vem o desejo por *controle*. Evidentemente, não basta saber o que vai acontecer se você não puder lidar com isso de maneira eficaz. Psicólogos argumentam há tempos que a necessidade por *autonomia* — por um sentimento de escolha e pela capacidade de agir de acordo com essa escolha — é uma das necessidades básicas que caracterizam todos os seres humanos. Quando as pessoas se sentem fora de controle, podem não apenas sentir uma dor momentânea, mas — se o sentimento durar o suficiente — suportar períodos de depressão debilitante.

Dor por Ameaças à Relação

Relação se refere à sensação de pertencimento e conexão com outros, e é sem dúvida uma das fontes mais poderosas tanto de recompensas quanto de ameaças no cérebro. Psicólogos sociais há tempos estudam nossa sensibilidade a ameaças à relação, como a rejeição. Eles descobriram que mesmo casos de rejeição triviais podem ter efeitos profundos.

Veja, por exemplo, o trabalho do psicólogo Kip Williams, que usou um jogo de computador que chamou de "Cyberball". Normalmente, em seus estudos, um participante chega ao laboratório e Williams lhe diz que eles vão participar de um jogo virtual de arremesso de bola com dois outros jogadores online.[7] A única tarefa é "passar" a bola virtual de um para o outro, mas logo os dois jogadores online começam a passar a bola apenas entre si, deixando o participante do estudo completamente excluído.

E daí?, você deve estar pensando. *É só um jogo idiota em um experimento psicológico, não é?* Errado — os participantes dos estudos de Williams relatam quedas significativas nos sentimentos de relação, no humor positivo e até na autoestima. Eles ficam *muito* infelizes com a rejeição dos outros dois jogadores online, mesmo que isso, em termos práticos, não importe nem um pouco. Tal é o poder de uma ameaça à relação.

Dor por Ameaças à Justiça

Os seres humanos são notavelmente sensíveis ao fato de serem ou não tratados com igualdade, tanto que aceitarão de bom grado resultados menos positivos (ou manifestamente negativos) em prol da justiça. Meu exemplo favorito dessa necessidade de justiça em ação vem de um paradigma que os psicólogos chamam de *jogo do ultimato*. Na versão mais comum do jogo, pessoas participam em duplas e são solicitadas a dividir o dinheiro entre elas.

O pesquisador seleciona uma pessoa aleatoriamente e a encarrega da divisão do dinheiro, pedindo-lhe que fique com o valor que escolher e dê o restante ao parceiro. Mas o parceiro também tem um papel importante a desempenhar — ele pode aceitar ou rejeitar a oferta. Se rejeitar a oferta, *ninguém recebe dinheiro algum*.

De uma perspectiva puramente racional, mesmo que o parceiro receba menos do que o divisor de dinheiro, ele deveria aceitar, porque algum dinheiro geralmente é melhor do que nenhum. Mas estudos mostram que quando a divisão é flagrantemente desigual (por exemplo, dividir US$10 em US$9/US$1 em vez de US$5/US$5), o parceiro quase sempre rejeita a oferta, mesmo que isso signifique que nenhum dos participantes receberá dinheiro *algum*. Quando um resultado — até mesmo positivo — parece injusto, a ameaça gerada por ele pode criar efeitos surpreendentes.

Portanto, agora que você já sabe os cinco tipos de ameaças sociais, provavelmente percebeu por que pedir ajuda é algo que evitamos com tanta frequência. Quando você busca o apoio de outra pessoa, abre-se à possibilidade de experimentar todos os cinco tipos de dor social *ao mesmo tempo*. Ao fazer um pedido a outra pessoa, muitos, pelo menos inconscientemente, sentem que rebaixaram seu status e se expuseram ao ridículo ou ao desprezo, principalmente quando o pedido de ajuda revela falta de conhecimento ou capacidade. Tendo em vista que não sabe como a pessoa vai reagir, você diminui seu senso de certeza. E como não tem escolha a não ser aceitar a resposta, seja ela qual for, você também abre mão de parte da sua autonomia. Se disserem não, pode parecer uma rejeição pessoal, criando uma ameaça à relação. E, é claro, esse "não" quase certamente não vai lhe parecer justo.

Não é de admirar, portanto, que evitemos pedidos de ajuda como se fosse uma peste. Na verdade, a peste pode parecer menos perigosa em comparação.

Vale Lembrar

- ➤ A ideia de pedir até uma pequena ajuda deixa a maioria de nós terrivelmente desconfortável. Cientistas descobriram que pode causar dor social, que é tão real quanto a dor física.

- ➤ Pedir ajuda é difícil. Nossas maneiras hesitantes, desajeitadas e relutantes de pedir ajuda tendem a sair pela culatra e tornar menos provável que as pessoas realmente nos ajudem. Nossa relutância em pedir ajuda significa que muitas vezes não recebemos o apoio ou os recursos de que precisamos.

- ➤ Para melhorar nossos pedidos de ajuda, precisamos entender os *reforços* — os pequenos e sutis sinais que motivam as pessoas a trabalhar conosco. Se fizermos isso, encontraremos um exército de reforços — na forma de pessoas prestativas — correndo em nosso socorro.

Capítulo 2

Acreditamos que os Outros Dirão Não

A quantidade de agonia que sentimos ao pedir ajuda depende, em parte, da probabilidade de as pessoas rejeitarem nosso pedido. E, quando se trata de descobrir essa probabilidade... Bem, para dizer a verdade, nos enganamos consideravelmente.

Vanessa Bohns não diz aos participantes de sua pesquisa para pedirem favores a estranhos apenas pelo prazer de vê-los sofrer. Ela faz isso para tentar entender um fenômeno muito desconcertante: as pessoas subestimam seriamente a probabilidade de outras pessoas atenderem a um pedido direto de ajuda.

Antes de enviá-los em suas missões de busca por ajuda, Bohns pergunta aos participantes qual porcentagem de estranhos eles estimam que concordarão em ajudar (ou, em algumas versões, ela pergunta quantas pessoas eles acham que precisarão abordar antes de alguém concordar). Então, ela compara essa estimativa com as taxas *reais* de ajuda. As diferenças são surpreendentes.

Em um de seus estudos com seu frequente colaborador Frank Flynn, estudantes de graduação da Universidade de Columbia foram instruídos a pedir um favor a um estranho no campus — especificamente, preencher um questionário que tomaria cerca de cinco a dez minutos de seu tempo.[1] Os pesquisadores pediram aos participantes que estimassem quantas pessoas teriam que abordar para obter cinco questionários respondidos. Eles estimaram vinte em média; o número real foi dez. Os pesquisadores repetiram o experimento com outros dois pedidos: que os participantes pegassem um celular emprestado por pouco tempo e que fossem conduzidos até a academia do campus (a uma curta distância a pé). Um padrão idêntico surgiu nas duas vezes.

Em outro estudo, os pesquisadores fizeram com que os participantes participassem de uma espécie de caça ao tesouro no campus, o que exigia que fizessem um quiz com estranhos em um iPad e ganhassem pontos para cada resposta correta.[2] Os participantes não apenas subestimaram o número de perguntas que as pessoas estariam dispostas a responder (25 versus 49), mas também subestimaram o esforço que fariam, no que diz respeito ao número de respostas corretas (19 versus 46) e ao tempo total que gastariam na tarefa.

Em outro estudo, este com impacto no mundo real, pesquisadores pediram a novos voluntários que arrecadavam dinheiro para a *Leukemia & Lymphoma Society* que estimassem o número de pessoas que precisariam contatar para atingir a meta predeterminada de arrecadação de fundos, e também a média das doações que receberiam.[3] Os voluntários estimaram que precisariam entrar em contato com 210 doadores em potencial e uma doação média de US$48,33. Na realidade, eles tiveram que contatar apenas 122 doadores em potencial, dos quais receberam uma doação média de US$63,80.

Em um artigo de revisão recente, Bohns descreveu estudos que conduziu com seus colegas nos quais os participantes pediram vários tipos de ajuda a mais de 14 mil estranhos.[4] Ela descobriu que a concordância — a taxa em que as pessoas realmente ajudam — é subestimada, em média, em cerca de 48%. Em outras palavras, existem, aproximadamente, duas vezes mais chances do que imaginamos de que um desconhecido aceite nos ajudar.

Isso é verdade mesmo quando os pedidos de ajuda são particularmente grandes ou irritantes, ou possivelmente ilegais. Em um estudo, os participantes foram instruídos a ir à biblioteca da universidade e pedir a estranhos que escrevessem a palavra "picles", a caneta, na página de um livro.[5] *Quem faria isso*, você se pergunta? A resposta é: 64% das pessoas perguntadas. (Os infelizes participantes que tiveram que pedir às pessoas que vandalizassem os livros previram apenas 28% de concordância.)

Então, o que está acontecendo aqui? Por que aqueles que procuram ajuda subestimam seriamente a probabilidade de obtê-la? Bohns e os colegas argumentam que, em grande medida, é uma falha na tomada de perspectiva. Quando alguém que precisa de ajuda calcula as chances de obtê-la, geralmente se concentra apenas em quão inconveniente ou incômodo será para a pessoa que está prestando essa ajuda. Quanto mais doloroso for, menor a probabilidade de as pessoas ajudarem. E isso parece bastante lógico, mas falta algo muito importante nesse cálculo: o custo para o potencial ajudante ao dizer não.

Pense na última vez que alguém lhe pediu um favor e você disse não. Como se sentiu? Supondo que você não odiasse a pessoa em questão, provavelmente se sentiu horrível, não foi? Deve ter ficado constrangido; pode ter sentido vergonha ou culpa. Sua autoestima pode até ter diminuído um pouco; afinal de contas, a maioria de nós se preocupa em ser bom, e pessoas boas ajudam sempre, não é?

Em síntese, há muita pressão psicológica e interpessoal sobre os potenciais ajudantes para que digam sim. E essa pressão é muito importante para quem ajuda, embora muito menos para quem busca essa ajuda. De modo geral, a maioria de nós não é muito boa em prever o comportamento de outras pessoas porque não levamos em conta as diferentes perspectivas. Mesmo que todos nós já tenhamos fornecido ajuda, falhamos em considerar a perspectiva de *outras* pessoas proverem ajuda quando mais precisamos. Como descreve Bohns: "Estamos tão focados em nosso próprio estado emocional e em nossas próprias preocupações que não conseguimos nos colocar na mente das pessoas a quem estamos pedindo ajuda."[6]

Pedidos de ajuda feitos cara a cara são os mais bem-sucedidos, em grande parte porque o desconforto de dizer não — o constrangimento e a sensação de que as normas sociais foram violadas — aumenta exponencialmente. Pedidos indiretos, como por e-mail, não causam desconforto na mesma proporção. No entanto, quem busca ajuda geralmente não leva isso em consideração e, se perguntados, preferem fazer pedidos indiretos.[7]

Esse efeito de subestimar a ajuda existe em todos os lugares, mas é mais pronunciado em culturas individualistas, como nos Estados Unidos e na Europa Ocidental, do que em culturas mais coletivistas e interdependentes, como as do Leste da Ásia. Nas culturas coletivistas, ao que parece, as pessoas são mais conscientes do desconforto de dizer não, então calculam as chances de obter a ajuda que buscam com um pouco mais de precisão.

Mas não é apenas uma questão de probabilidades; pesquisas sugerem que também subestimamos a quantidade de *esforço* que as pessoas farão ao concordar em nos ajudar. As normais sociais não ditam apenas que ajudemos; devemos também fazer um bom trabalho ao ajudar. Ao ignorar isso, os que buscam ajuda não esperam que as pessoas se esforcem por eles mais do que o normal.

Essa é mais uma razão pela qual a motivação para pedir ajuda não é o que deveria ser. Há muito tempo psicólogos notaram que nossa motivação para fazer qualquer coisa pode ser (grosso modo) capturada pelo seguinte modelo:

Motivação = expectativa de sucesso × valor do sucesso

Em outras palavras, sua motivação para fazer praticamente qualquer coisa é um cálculo de (1) quais as chances de sucesso acha que terá, e (2) o que vai ganhar quando a fizer.

No caso de pedir ajuda, essa teoria sugere que estar motivado a pedir é um cálculo tanto da probabilidade de o ajudante dizer sim quanto da qualidade da ajuda que você acha que receberá. E nós subestimamos *ambos*.[8] Combine esse duplo erro de cálculo com os cinco tipos de ameaças (discutidos no Capítulo 1) que um pedido de ajuda pode causar, e não é de admirar que a maioria de nós tente fazer tudo sozinha.

A parte favorita de Bohns dos experimentos é o final, quando os participantes retornam ao laboratório depois de passar uma hora pedindo favores a estranhos: "Eles voltam ao laboratório, cheios de sorrisos e surpresos pela tarefa ter sido tão fácil. E saem pensando que as pessoas são superprestativas e que o mundo é um lugar adorável."[9]

Quando reflito, lembro que já passei pela mesma experiência muitas vezes. Houve a vez em que um estranho me enviou minha carteira por correio — com todo o dinheiro ainda nela — depois que eu a deixei cair em uma calçada em Manhattan. A vez em que saí da estrada e caí em uma vala cheia de neve, a quilômetros de qualquer lugar com sinal de celular, e um grupo de homens que eu nunca tinha visto antes parou no acostamento para me ajudar a empurrar o carro. A vez que um transeunte me encontrou encurralada por um guaxinim do tamanho de um filhote de urso enquanto eu colocava o lixo para fora e o afugentou. (Não me julgue.) Lembro que, todas as vezes, senti um brilho caloroso em meu peito e uma boa dose de surpresa, mas fiquei encantada por haver tanta bondade em meus semelhantes. O mundo realmente parecia um lugar adorável.

As pessoas *querem* ser prestativas. É verdade que nem todas, mas elas são muitas mais do que imaginamos. E se você pedir a ajuda de que precisa, há boas chances de obtê-la, e muito mais. Steve Jobs com certeza pensava assim. Em 1994, alguns anos antes de voltar à Apple, um dos homens mais bem-sucedidos da história recente falou a um entrevistador sobre por que é tão importante pedir pelo que precisamos.

> Na verdade, sempre achei uma coisa muito verdadeira, a maioria das pessoas não tem essas experiências porque nunca pede. Nunca encontrei alguém que não quisesse me ajudar quando pedi ajuda... Nunca encontrei alguém que dissesse não ou desligasse o telefone quando eu ligava — bastava eu pedir. E quando as pessoas me pedem, tento ser tão receptivo quanto, para pagar essa dívida de gratidão. A maioria das pessoas nunca pega o telefone e liga, a maioria das pessoas nunca pede ajuda. E é isso que, às vezes, separa quem realmente faz de quem apenas sonha.[10]

Subestimando a Utilidade das Pessoas que Disseram Não

Há uma categoria de pessoas que tendemos a subestimar ainda mais do que qualquer outra: quem já recusou nosso pedido antes.

No início deste capítulo, eu disse que recusar um pedido deixa as pessoas muito, muito desconfortáveis. Isso faz com que se sintam pessoas ruins, porque todos deveríamos ajudar uns aos outros. Bem, agora tente imaginar como é desconfortável recusar dois pedidos.

É relativamente fácil encontrar uma justificativa para dizer "não" uma vez, e é por isso que as taxas de pedidos de ajuda aceitos nem sempre são 100%. *Estou muito ocupado* ou *Não estou me sentindo muito bem hoje* funciona uma vez para aliviar a culpa, mas não costuma funcionar indefinidamente. Na segunda vez que um pedido é feito, você precisa ter um bom motivo para dizer "não", ou a pilha de evidências de que é uma pessoa ruim começa a ficar grande demais para ser ignorada. É por isso que a pesquisa passa uma mensagem muito clara a esse respeito: pessoas que rejeitaram um pedido inicial de ajuda têm maior, e não menor, probabilidade de ajudar na segunda vez.

Sabe as citações que costumam aparecer na parte de trás dos livros? Esses endossos são o que as pessoas no mercado editorial chamam de "blurbs". Autores e editores enviam as primeiras cópias dos livros para pessoas influentes, na esperança de obter algumas palavras gentis, como: "Todos devem ler este livro porque é ótimo", que podem ser impressas na contracapa ou listadas na página do livro na Amazon.

Admito que odeio pedir por esses endossos; com certeza nenhum autor gosta. E odeio por todos os motivos pelos quais as pessoas odeiam pedir ajuda em geral: me deixa envergonhada e vulnerável. Mas este livro aqui, que você tem em mãos, é o meu quinto, então já tenho experiência e posso dizer com satisfação que fica mais fácil.

No primeiro livro, porém, foi um pesadelo. Literalmente implorei ao meu agente para não me obrigar a fazer isso. Eu tinha certeza, assim como Bohns teria previsto, que ninguém concordaria em ler o livro, muito menos o endossaria. Mas meu agente insistiu e, no final (de novo como Bohns teria previsto), a maioria das pessoas a quem pedi leu o livro e disse coisas muito boas sobre ele.

Apenas uma pessoa me surpreendeu de forma *negativa* — alguém que eu realmente achei que leria o livro, porque temos um amigo próximo em comum e nos conhecemos um pouco. Ele ignorou solenemente meu pedido. Fiquei chateada na época, mas acabei esquecendo tudo isso, até que chegou a hora de obter comentários para o meu *segundo* livro.

Mais uma vez, meu agente me mandou sair por aí para persuadir, bajular e implorar por endossos. E sugeriu que eu abordasse novamente o indivíduo que havia me ignorado da última vez. Eu achei que ele era louco. *Por que razão eu iria pedir para esse cara? Se ele não me ajudou antes, por que me ajudaria agora?* Mas então eu recebi um comentário incrível, que me fez corar com a generosidade dos elogios. E, em retrospecto, posso pensar em muitas vezes que fiz algo semelhante, quando me esforcei mais do que o normal na segunda vez para compensar por ter sido egoísta, preguiçosa ou ocupada demais para ajudar alguém da primeira vez que precisou.

Eu não sabia muito a respeito da ciência de pedir ajuda naquela época. Então, não percebi o quão errada estava. Por exemplo, Daniel Newark, Frank Flynn e Vanessa Bohns conduziram um estudo no qual alunos da Universidade Stanford deveriam pedir a quinze estranhos circulando pelo campus que preenchessem um questionário de uma página. Então, independentemente de o estranho ter dito sim ou não ao primeiro pedido, o participante tinha que fazer um segundo logo depois — desta vez, que enviasse uma carta.

Antes de começar, os participantes (sem dúvida, morrendo de medo) foram pedidos que estimassem a porcentagem de estranhos que diriam sim ao segundo pedido se tivessem dito não ao primeiro. Eles estimaram que apenas 18% concordariam em enviar a carta nesse caso, quando, na verdade, 43% concordaram em fazê-lo. No geral, a taxa de ajuda foi *maior* no segundo pedido do que no primeiro. Parece que ninguém quer parecer um idiota duas vezes; uma vez é ruim o suficiente.

Uma famosa tática de vendas, chamada de técnica "porta na cara", baseia-se nesse insight.[11] A ideia é muito simples: peça algo tão difícil ou ultrajante que você saiba que a outra pessoa vai dizer não. Em seguida, faça um pedido muito mais razoável de algo que realmente deseja, e então terá muito mais chances de ser atendido.

Em um dos estudos mais citados que demonstra como isso funciona, uma equipe liderada por Robert Cialdini, pesquisador sobre persuasão, perguntou aos participantes se eles estariam dispostos a servir como mentores para delinquentes juvenis.[12] O pedido foi significativo, pois implicaria um compromisso de duas horas por semana durante dois anos. Não foi de surpreender que todos os participantes tenham negado o pedido. A equipe então perguntou se eles estariam dispostos a acompanhar um passeio de um dia ao zoológico com as mesmas crianças.

Um grupo de controle recebeu apenas o segundo pedido, sem nunca ouvir o primeiro, e 17% deles concordaram em acompanhar a visita ao zoológico. Mas impressionantes 50% daqueles que foram convidados na primeira vez para servir como mentores — e não aceitaram — disseram sim ao zoológico. Em outras palavras, a probabilidade de aceitar um segundo pedido menor após o primeiro ser rejeitado quase *triplicou*.

(Em uma ótima tirinha de *Calvin e Haroldo*, Calvin tenta usar a técnica da "porta na cara" a seu favor. Nos dois primeiros quadrinhos, ele pergunta à mãe se pode colocar fogo no colchão ou andar de triciclo no telhado. "Não, Calvin", ela responde nas duas vezes. "Então posso comer um biscoito?", ele pergunta. Mas ela ainda diz que não. "Fui descoberto", pensa o menino. O que mostra que ter alguma sutileza no uso dessa técnica provavelmente é útil.)

Parte do que pode estar acontecendo quando você usa a técnica da "porta na cara" é uma espécie de efeito de contraste: o segundo pedido parece algo tão menor em comparação com o primeiro que não é mais grande coisa. Mas o principal motivador de sua utilidade é claramente nosso senso de *responsabilidade social* — que devemos ser prestativos e solidários, e recusar dois pedidos consecutivos feitos pela mesma pessoa gera desconforto e culpa demais para suportarmos.

Esse impulso de compensar nossos lapsos em dar apoio é, em linhas gerais, uma coisa boa. Fortalece os relacionamentos e ajuda a aplacar as tensões criadas. Quando você pede ajuda a alguém que o rejeitou no passado, não é apenas mais provável que consiga; você também está dando a essa pessoa a oportunidade de se sentir melhor consigo mesma. Se evitar procurar a ajuda dela permanentemente, estará fazendo um desfavor a ambos.

Você pode estar se perguntando: o que acontece quando pede um segundo favor de alguém que *de fato* disse sim ao primeiro pedido. Essas pessoas são menos propensas a ajudar, já tendo ajudado uma vez? Não! Elas também são mais propensas a ajudar na segunda vez, graças à dissonância cognitiva, uma aliada dos necessitados.

Dissonância cognitiva é um fenômeno psicológico estranho e poderoso. Seres humanos geralmente exibem uma necessidade de consistência; preferimos que nossas crenças se alinhem entre si e que nossas ações sejam coerentes com essas crenças. Manter pontos de vista inconsistentes ou contraditórios sobre algo ou alguém (por exemplo, acreditar que John é uma boa pessoa, sabendo ao mesmo tempo que John sonega impostos) causa um tipo de dor psicológica chamada dissonância cognitiva. As pessoas a descrevem como uma espécie de desconforto persistente ou uma sensação de que algo está errado. A única maneira de resolver a dissonância e se livrar do desconforto é mudar um dos pontos de vista conflitantes (ou seja, apresentar uma justificativa de por que está tudo bem caso John sonegue impostos ou decidir que John *não* é uma boa pessoa).

Ajudá-lo no passado e recusar-se a ajudá-lo agora criaria uma inconsistência ou contradição, que traria a desconfortável tensão da dissonância cognitiva. Pesquisas sugerem que as pessoas estarão dispostas a ajudar de maneiras cada vez mais difíceis e inconvenientes depois de atender a um pedido inicial. Isso também inspirou uma tática de vendas que é mais ou menos o inverso da "porta na cara", chamada de técnica do "pé na porta".

Para usar a técnica do "pé na porta", simplesmente peça algo relativamente pequeno ou que não demande esforço e que você saiba que a outra pessoa vai dizer sim; depois de garantir o sim, faça um segundo pedido maior. (Uma amiga uma vez usou essa tática comigo, com grande sucesso. Primeiro ela me perguntou se poderia deixar uma planta no meu apartamento para que eu pudesse regá-la enquanto ela estivesse fora por duas semanas. Respondi com entusiasmo: "Sim, claro!" Ela então fez um pedido para deixar seu São Bernardo também. Eu concordei e depois passei quase um ano encontrando pelo de cachorro nas minhas coisas.)

É um tanto surpreendente que nossas intuições sobre se e quando outras pessoas estarão dispostas a nos ajudar, e como elas se sentirão em relação a nós quando o fizerem, estejam tão terrivelmente erradas. Afinal de contas, somos todos *doadores* bem como *buscadores* de ajuda. Sabemos como é difícil dizer não. Sabemos que não gostamos menos das pessoas simplesmente porque pediram nossa ajuda. Se pudéssemos ter tudo isso em mente quando somos nós que precisamos de apoio, pedir ajuda seria muito mais fácil.

Vale Lembrar

- Quem busca ajuda subestima constantemente as chances de obtê-la quando pede. Essa é uma ótima notícia! De fato, as pessoas são muito mais propensas a nos ajudar do que supomos.

- Para muitos de nós, é muito, muito doloroso dizer não. Na verdade, se já dissemos não uma vez, é menos provável que digamos não uma segunda vez. É simplesmente difícil demais.

- Somos menos propensos a dizer não quando já dissemos sim, por causa da dissonância cognitiva. "Sou uma pessoa boa e prestativa", pensamos, e queremos continuar pensando assim.

➤ Tudo isso são ótimas notícias para aqueles de nós dispostos a pedir ajuda.

Capítulo 3

Achamos que Pedir Ajuda Nos Torna Menos Agradáveis

O pai fundador Benjamin Franklin era, entre outras coisas, um sujeito muito observador. Algumas de suas observações levaram a invenções notáveis, como o para-raios, os óculos bifocais, o fogão Franklin, o cateter e os pés de pato. (Sim, pés de pato. Sério. Você pode pesquisar.) Ele também era um observador perspicaz de seus semelhantes, identificando e exaltando o que acreditava serem as treze virtudes essenciais do caráter que levariam, uma vez dominadas, à "perfeição moral", incluindo *temperança*, *ordem*, *frugalidade*, e *moderação*. (Ele registrou seus sucessos e fracassos em dominar cada virtude em um diário e observou que ficou "surpreso ao me descobrir com muito mais falhas do que imaginava". Nós dois, Ben.)

Outra de suas observações úteis dizia respeito à questão da busca por ajuda — isto é, se alguém sofreria uma perda de posição aos olhos da pessoa de quem busca um favor. Em sua autobiografia, ele contou a seguinte história:

> Minha primeira promoção foi ser escolhido, em 1736, como escrivão da Assembleia Geral. A escolha foi feita sem oposição naquele ano; mas no ano seguinte, quando meu nome foi proposto novamente (a escolha, como a dos membros, era anual), um novo membro fez um longo discurso contra mim, a fim de favorecer algum outro candidato. Contudo, eu fui escolhido, o que muito me agradou, pois, além do pagamento pelo serviço de escrivão, o lugar oferecia oportunidades de me manter relevante entre os membros, o que me assegurou o negócio de imprimir votos, leis, papéis-moeda, e outros trabalhos ocasionais para o público que, em geral, eram muito lucrativos. Portanto, eu não gostei da oposição desse novo membro, que era um cavalheiro de fortuna e educação, com talentos que lhe dariam, com o tempo, grande influência na Câmara, o que, aliás, aconteceu mais tarde. Eu não pretendia ganhar seu favor prestando-lhe qualquer respeito servil e, depois de algum tempo, escolhi este outro método. Tendo ouvido falar que ele tinha em sua biblioteca um certo livro muito raro e curioso, escrevi-lhe uma nota, expressando meu desejo de examinar aquele livro e pedindo que me fizesse o favor de emprestá-lo por alguns dias. Ele o enviou imediatamente e eu o devolvi após cerca de uma semana com outra nota, expressando enfaticamente meu

sentimento pelo favor prestado. Quando nos encontramos na Câmara, ele falou comigo (o que nunca havia feito antes), com grande civilidade; e sempre manifestou disposição para me servir em todas as ocasiões, de modo que nos tornamos grandes amigos; nossa amizade perdurou até a sua morte. Esse é outro exemplo da verdade de uma velha máxima que aprendi e que diz: **"Aquele que uma vez lhe fez uma gentileza estará mais disposto a lhe fazer outra do que aquele a quem você obrigou" [grifo da autora]**.[1]

À primeira vista, essa história não faz sentido. Um homem que se importava tão pouco com Franklin que nunca sequer se preocupou em lhe dirigir a palavra — que fez até lobby para que perdesse o cargo de escrivão — emprestou-lhe um livro raro e valioso e *passou a gostar mais de Franklin por ter feito isso*. Mas, na verdade, faz muito sentido, uma vez que você se lembre da *dissonância cognitiva* (do Capítulo 2).

Sem dúvida, o empréstimo do livro para Franklin teria criado uma séria dissonância cognitiva para o dono do livro. Como mostra o trabalho de Bohns, o dono do livro teria sentido uma pressão significativa para atender ao pedido de Franklin. Mas depois de fazer isso, ele ficaria com dois pensamentos contraditórios martelando na mente: (1) acabei de emprestar um livro raro e valioso para Ben Franklin, e (2) eu realmente não gosto de Ben Franklin.

Como o dono do livro não podia viajar no tempo e se recusar a emprestar o livro, a única maneira de se livrar da dissonância era decidir que, de fato, *ele gostava de Ben Franklin*. Mudar para uma visão positiva de Franklin resolve o problema por completo; afinal, fazer um favor para alguém de quem você gosta é uma coisa perfeitamente natural e consistente. Dessa maneira, a dissonância cognitiva fornece aos ajudantes uma motivação poderosa para manter quem recebe a ajuda em alta consideração. Quando o fazem, não há tensão, e as engrenagens da mente continuam funcionando sem problemas.

A maioria das pessoas — muito erroneamente — supõe que ajudar causa uma impressão muito melhor do que pedir ajuda. Na verdade, as pessoas podem ter sentimentos contraditórios em relação a receber ajuda, às vezes até se ressentindo de quem a ajuda em virtude de uma combinação de constrangimento e culpa. (*Odeio não poder fazer isso sem ajuda... e agora você está me deixando mal na fita. Maravilha.*) Os ajudantes, por outro lado, são notavelmente consistentes. Eles tendem a gostar *mais*, e não menos, das pessoas depois de ajudá-las.

Na década de 1960, os psicólogos Jon Jecker e David Landy conduziram um estudo, talvez meu favorito, ilustrando esse fenômeno.[2] O pesquisador, "Sr. Boyd", recebeu estudantes universitários em seu laboratório e informou-lhes que responderiam a perguntas e receberiam dinheiro a cada resposta correta. O Sr. Boyd agiu — deliberadamente — como uma pessoa não muito legal. Falou em um tom frio e monótono, absteve-se de qualquer comportamento amigável e disse coisas como: "Prestem atenção, porque não quero ter que ficar repetindo".

Depois de responder às perguntas (que foram manipuladas para que os estudantes acertassem todas), uma de três coisas aconteceu:

- Um terço do grupo recebeu o dinheiro e, em seguida, foi solicitado a preencher um questionário que incluía a pergunta: "O quanto você gosta do Sr. Boyd?" Este foi o grupo de controle.

- Um terço do grupo recebeu o dinheiro e depois foi interceptado por uma secretária que explicou que o departamento de psicologia precisava do dinheiro de volta. Quase todos os participantes concordaram em devolver o dinheiro. Em seguida, eles preencheram o questionário.

- O terço final recebeu o dinheiro e foi abordado pelo próprio Sr. Boyd com um pedido: "Eu queria saber se vocês me fariam um favor. Os fundos acabaram e estou usando meu próprio dinheiro parar terminar o experimento. Como um favor pessoal, vocês se importariam em devolver o dinheiro que ganharam?" De novo, quase todos os participantes concordaram e, então, completaram o questionário.

Então, o que os participantes acharam do Sr. Boyd? Em uma escala de 12 pontos, o grupo de controle — aqueles que ficaram com o dinheiro — deu ao Sr. Boyd uma pontuação média de 4,8. Aqueles que tiveram que devolver o dinheiro em benefício do departamento de psicologia gostaram ainda *menos* dele, avaliando--o com nota 4,0. Mas aqueles a quem o Sr. Boyd pediu um favor — os que devolveram o dinheiro para beneficiá-lo diretamente — lhe atribuíram uma nota 7,6. Outras versões do mesmo estudo mostraram que o tamanho desse efeito depende diretamente do valor do dinheiro ganho; quanto mais dinheiro os participantes devolviam ao Sr. Boyd, mais gostavam dele.

Em outras palavras, fazer um favor para um babaca faz com que ele pareça menos babaca, e fazer um *grande* favor para um babaca faz com que ele comece a parecer um cara legal. Graças à dissonância cognitiva, quanto mais você der a ele, melhor ele *deve* ser. Caso contrário, algo está terrivelmente errado.

Portanto, há pouquíssimos motivos para temer pedir ajuda, acreditando que fará com que alguém goste menos de você. Pense seriamente em dizer sim quando as pessoas lhe oferecerem favores, elogios, apoio ou presentes, mesmo quando não precisar deles ou caso seu orgulho lhe diga o contrário. Elas vão gostar mais de você por isso.

Subestimamos Quão Bem Nos Sentimos ao Doar

Um pequeno grupo de pessoas são doadores crônicos — cerca de 20% da população segundo Adam Grant, professor da Wharton, que estuda esse tema cientificamente há anos. Os doadores ajudam outras pessoas com frequência e generosidade, sem parar e pensar muito sobre o que podem ganhar com isso. Pelo contrário, parecem *preferir* dar mais do que receber. Eles se distinguem no trabalho de Grant dos *compensadores*, que são movidos pela justiça e doam mais ou menos de acordo com o que recebem dos outros, e dos *tomadores,* que, como o nome indica, são basicamente uns babacas.

Os doadores são consistentemente as pessoas mais *e* menos bem-sucedidas em qualquer setor — todos, desde engenheiros de software e investidores de risco até vendedores que trabalham na LensCrafters. Quando são os menos bem-sucedidos, tende a ser por causa do esgotamento que pode acompanhar o costume de ajudar demais os outros e não gastar tempo suficiente nos próprios objetivos. Mas os doadores capazes de encontrar um equilíbrio, ao que parece, se beneficiam enormemente da própria natureza generosa. Eles têm a rede de conexões e apoiadores mais rica e extensa, exercem uma influência profunda sobre aqueles ao redor e, como uma maré alta, parecem ter êxito não ao derrotar os outros, mas ao criar situações que elevam a todos. Vivem vidas enriquecidas e gratificantes, repletas de significado e propósito.

Eu não sou uma doadora. Reagi à metade das histórias de Grant sobre doadores extraordinários com algum tipo de: "Calma aí, ela fez *o quê?*" Por mais que tentasse, não conseguia me convencer de que era uma dessas pessoas incríveis e inspiradoras. Não é o meu perfil.

No entanto, como cerca de 80% da população não é doadora, estou, se não em boa, pelo menos em abundante companhia. Não é como se *nunca* doássemos, claro. Para o resto de nós nesses

80%, é mais correto dizer que às vezes doamos e às vezes não. Mas mesmo para nós, semiegoístas, ficamos muito mais felizes quando doamos do que quando não o fazemos. E isso é algo que as pessoas relutantes em pedir nossa ajuda quase sempre esquecem. Vamos dar uma olhada em como, especificamente, doar faz com que os doadores se sintam bem.

Ajudar Melhora o Humor

Um dos benefícios sólidos de oferecer apoio a alguém é como isso eleva o ânimo. Os psicólogos falam do "brilho caloroso" que os comportamentos pró-sociais conferem.[3] É possível ver isso nos rostos das pessoas que distribuem comida em cozinhas comunitárias, passeiam com cachorros em abrigos de animais e orientam jovens em situação de risco em cidades pequenas. Mas ajudar também não precisa ser algo tão elevado assim. Já senti um leve toque do brilho caloroso ao fazer coisas mundanas (e praticamente sem esforço), como segurar a porta para uma mãe com um carrinho pesado ou avisar a um estranho que deixou cair a luva alguns passos atrás.

Até mesmo um simples jogo de palavras pode melhorar seu humor se você acreditar que alguém pode se beneficiar com isso. Os pesquisadores Frank Martela e Richard Ryan pediram a estudantes de graduação que participassem de um jogo no qual deveriam identificar o sinônimo correto para uma palavra a partir de um conjunto de quatro alternativas.[4] (O que parece um jogo bem chato.) Metade foi então informada de que, para cada resposta correta, uma doação de arroz seria feita para o Programa Alimentar Mundial da ONU. O pesquisador apontou que "ao jogar, você pode fazer uma contribuição real contra a pobreza mundial e para a sociedade em geral".

Caso você esteja curioso, a doação era de dez grãos de arroz por resposta correta. Sim, é uma quantidade de arroz bastante ridícula, o que, francamente, torna os resultados do estudo ainda mais notáveis. Apesar do fato de não haver diferenças em quão bem os jogadores se saíam em diferentes condições — e apesar das quantidades relativamente pequenas de arroz envolvidas —, os jogadores cujos esforços poderiam ajudar os outros experimentaram aumentos significativos no humor positivo, na vitalidade e no bem-estar.

(A propósito, esse jogo existe e você também pode jogá-lo. Basta acessar www.Freerice.com. Desde seu início, em outubro de 2007, o FreeRice doou mais de 95 bilhões de grãos de arroz para alimentar pessoas com fome, uma quantidade nada ridícula que ajudou o Programa Alimentar Mundial a alimentar milhões de pessoas necessitadas.)

Ajudar Torna Tudo Menos Horrível

Às vezes, decidimos ajudar os outros para nos sentirmos mais felizes. Mas as pessoas costumam querer ajudar — e colher os benefícios da ajuda — não tanto para alcançar um bom humor, mas para equilibrar um *mau* humor. Robert Cialdini (famoso pelas técnicas "porta na cara" e "pé na porta") há muito argumenta que o *alívio do estado negativo* é o principal motivador da ação altruísta. Uma história muito citada do presidente dos Estados Unidos, Abraham Lincoln, ilustra bem isso:

> Um incidente curioso ocorreu em conexão com uma dessas viagens [pelas comarcas do estado de Illinois], que dá uma agradável visão do coração do bom advogado. Ele estava cavalgando por um pântano profundo, no qual, para sua extrema dor, viu um porco se debatendo, já tão exaurido que era evidente que não conseguiria se desvencilhar da lama. O Sr. Lincoln olhou para o porco e para a lama que o cobria, e então olhou para as roupas novas que vestia. Decidindo ignorar os lamentos do porco, ele continuou cavalgando, mas não conseguiu se livrar da visão do pobre animal e, finalmente, após três quilômetros, voltou, determinado a resgatar o animal à custa de suas roupas novas.
>
> Chegando ao local, amarrou o cavalo e, com calma, se pôs a trabalhar para construir uma passagem para o fundo do buraco com trilhos velhos. Descendo por esses trilhos, agarrou o porco e o arrastou para fora, mas não sem sérios estragos nas roupas que vestia. Após lavar as mãos no riacho mais próximo e enxugá-las na grama, ele montou o cavalo e cavalgou. Começou, então, a examinar o motivo que o levou a voltar para libertar o porco. À primeira vista, parecia ser pura benevolência, mas, por fim, chegou à conclusão de que era egoísmo, pois certamente foi socorrer o porco a fim (como disse ao amigo a quem relatou o incidente) de "se livrar da aflição em sua mente".[5]

O alívio do sofrimento é, obviamente, um poderoso motivador de ajuda, porém, mais comum do que percebemos, é o nosso *próprio* sofrimento que nos preocupa do mesmo modo. Em seus estudos, Cialdini e colaboradores mostram, por exemplo, que pessoas cujo humor foi afetado negativamente ao testemunhar um indivíduo inocente sendo ferido eram mais propensas a ajudar terceiros do que aquelas com humor neutro, a menos que *já* tivessem tido o humor melhorado ao receber um presente surpresa. Com o fim de sua aflição, eles não eram mais propensos a ajudar do que qualquer outra pessoa.[6]

É claro que ninguém está sugerindo que as pessoas literalmente pensem: "Sou muito mal-humorado. É melhor eu fazer uma doação para a Cruz Vermelha." Mas, em um nível inconsciente, sabemos intuitivamente que dar uma mãozinha a alguém pode fazer maravilhas por nosso estado de espírito. Mais do que isso, estudos sugerem que não nos preocupamos em ser úteis quando achamos que isso *não* vai melhorar o nosso humor.

Cialdini e seus colaboradores, Gloria Manuncia e Donald Baumann, ilustraram isso de maneira inteligente em um estudo no qual informaram aos participantes que eles tomariam um medicamento para a memória de ação rápida (perfeitamente seguro) chamado Mnemoxine. Eles disseram a metade dos participantes que o Mnemoxine tinha um estranho efeito colateral; preservaria quimicamente por cerca de trinta minutos o estado de espírito do momento em que o tomassem. Portanto, se estivessem felizes na hora em que tomassem a pílula, continuariam felizes, não importando o que acontecesse, pela próxima meia hora. O humor de todos os participantes foi alterado quando os pesquisadores pediram que, imediatamente após tomarem a pílula (placebo), refletissem sobre uma lembrança muito triste ou muito feliz. Finalmente, cerca de cinco a dez minutos depois, ao "concluírem" o estudo, um pesquisador se passando por voluntário para doação de sangue perguntou aos participantes se eles estariam dispostos a ajudar a causa fazendo de um a dez telefonemas para doadores regulares em nome da unidade.

Consistentemente com a ideia de que ajudar pode ser uma forma de melhorar o humor, as pessoas que foram forçadas a reviver memórias tristes foram mais prestativas (ou seja, fizeram mais ligações) do que aquelas que acessaram memórias mais felizes, mas apenas quando acreditavam que era *possível* melhorar o seu humor. Participantes tristes que pensaram que ficariam presos ao estado de tristeza por mais 20 a 25 minutos ajudaram, na verdade, significativamente menos do que aqueles presos no modo feliz.

O que explica por que pessoas com depressão profunda não estão necessariamente correndo por aí coletando doações de porta em porta para a UNICEF para curar o que os aflige. A depressão, ao contrário da simples tristeza, é caracterizada por uma sensação de permanência — a crença (em grande parte imprecisa) de que o modo como você se sente não vai mudar nunca. Quando as pessoas acreditam que uma melhora no humor não é possível, elas tendem a nem sequer tentar.

Aliás, ajudar não é apenas um antídoto para a tristeza. Também é uma ótima maneira de nos livrarmos da culpa. Os psicólogos argumentam que a culpa — um estado frequentemente caracterizado por tensão, remorso e ansiedade — tem a função de ajudar a preservar e fortalecer os laços sociais. Isso nos lembra de honrar compromissos, assumir responsabilidades e ligar para nossas mães regularmente. Quando fazemos algo prejudicial a outra pessoa, a culpa nos motiva a reparar o dano, para não sermos expulsos do grupo social. Saber que nos sentiremos culpados muitas vezes nos impede de fazer coisas ruins, em primeiro lugar.[7] Mas quando acabamos nos sentindo culpados por qualquer motivo, existem poucas maneiras mais eficazes de nos convencermos de que não somos completamente desprezíveis do que ajudando alguém.

Mais Ajuda = Maior Satisfação na Vida

Você não vai ficar surpreso ao saber que quanto mais doar, mais gratificante e satisfatória será sua vida. (A clássica canção de Natal *It's a Wonderful Life* ["É uma vida maravilhosa", em tradução livre] é um exercício exatamente dessa premissa. Está, literalmente, no título.) Estudos mostram, por exemplo, que pessoas que pertencem a organizações de caridade ou se envolvem em trabalho voluntário têm níveis mais altos de satisfação com a vida, de saúde física e de autoestima. Elas realmente se sentem melhor, têm uma aparência melhor e gostam mais de si mesmas.[8] Porém, mais uma vez, doar não precisa ser algo tão grandioso para fornecer tais benefícios. Coisas simples, como dar instruções a um estranho ou deixar alguém passar na fila, podem levar a um aumento do bem-estar. E se você realmente deseja melhorar sua qualidade de vida, experimente gastar dinheiro com outras pessoas.⁹

Como diz o ditado, dinheiro não compra felicidade. O aumento da riqueza demonstrou ter um efeito muito modesto sobre o bem-estar, uma vez que as pessoas tenham dinheiro suficiente para garantir que suas necessidades básicas sejam atendidas. A psicóloga Elizabeth Dunn argumentou, no entanto, que isso ocorre principalmente porque as pessoas não gastam dinheiro nas coisas certas. Dinheiro bem gasto pode, sim, aumentar o bem-estar, mas aqui "bem gasto" é sinônimo de "gastar com alguém que não seja você mesmo".

Por exemplo, Dunn e seus colegas, Lara Aknin e Michael Norton, perguntaram a uma amostra nacionalmente representativa de mais de seiscentos norte-americanos que indicassem sua renda mensal, seu nível de felicidade e quanto gastavam cada mês consigo mesmos (em contas, despesas e presentes para si mesmos) versus com outras pessoas (em presentes para outros e doações para caridade). Os gastos pessoais não tinham nenhuma relação com a felicidade, mas os gastos pró-sociais — gastos com outras pessoas — prediziam de forma confiável uma felicidade maior.

Em um segundo estudo, Dunn e seus colegas acompanharam funcionários que receberam um bônus de participação nos lucros de suas empresas. Mais uma vez, os funcionários que gastaram mais do bônus com os outros experimentaram maior felicidade subsequente nas seis a oito semanas seguintes. E, mais importante, a forma como gastaram o dinheiro foi um preditor mais forte de felicidade do que o valor do bônus em si.

Em um último estudo, eles deram aos participantes US$5 ou US$20 e os instruíram a comprar um presente para si mesmos ou então gastá-los em um presente para outra pessoa ou em uma doação de caridade. Mais uma vez, aqueles que gastaram o dinheiro com os outros experimentaram mais felicidade. E, novamente, a quantidade de dinheiro não teve efeito em nenhuma das condições.

Então, por que estou contando tudo isso? Na verdade, não é para tentar fazer com que você seja mais como um doador, embora esteja bastante claro, pelas pesquisas, que se você e eu aumentássemos a quantidade de ajuda e apoio que damos aos outros, estaríamos melhor. O que *estou* tentando fazer, no entanto, é deixá-lo confortável com a ideia de *pedir* ajuda. Nos dois capítulos anteriores, você aprendeu que as pessoas são mais propensas a ajudar do que imaginamos, que essa ajuda é de melhor qualidade do que pensamos e que gostarão mais de você — e não menos — por tê-lo ajudado. Agora você também sabe que oferecer a elas a oportunidade de ajudar pode proporcionar benefícios reais e duradouros. Poderíamos até argumentar que *não* pedir ajuda é uma coisa egoísta, na medida em que rouba das outras pessoas um dos estímulos mais confiáveis para o bem-estar na vida.

Agora que você sabe o que elas ganham com isso, vamos para o próximo desafio: oferecer a *elas* o que precisam de *você* para tornar a ajuda possível.

Vale Lembrar

➤ Frequentemente, receber ajuda nos gera sentimentos contraditórios. E, como consequência, acreditamos que pedir ajuda nos fará parecer menos simpáticos ou competentes. Mas pesquisas mostram que quem ajuda gosta mais das pessoas que ajudaram depois de ajudá-las.

➤ Ajudar confere uma série de outros benefícios a quem ajuda. Melhora o nosso humor, nos enche de um brilho caloroso e geralmente torna o mundo um pouco menos horrível.

➤ Devemos nos sentir um pouco menos desconfortáveis quando temos que pedir ajuda. Embora possa nos encher de pavor ter que fazer isso, pedir da maneira certa abre uma oportunidade para que outras pessoas se sintam muito, muito bem consigo mesmas e conosco.

Parte Dois

Como Pedir
Mesmo Assim

Capítulo 4

O Paradoxo Inerente aos Pedidos de Ajuda

Há cerca de um ano, eu estava ajudando uma amiga da pós-graduação a montar uma estante de livros particularmente complicada e intimidadora da IKEA. Desde que me provei razoável em fazer esse tipo de coisa, anos atrás, passei a ser sua ajudante favorita na montagem de móveis. (Honestamente, não é que eu seja particularmente habilidosa; sou apenas estranhamente boa em entender instruções mal ilustradas.)

Montar estantes de livros provavelmente está no fim da lista de "como gosto de ajudar meus amigos" da maioria das pessoas — logo abaixo de *regar plantas enquanto estão fora*, mas ainda acima de *ajudar na mudança para um novo apartamento* — e eu não sou diferente. Porém concordei avidamente com o pedido quando ela me ligou e até me vi ansiosa para acompanhá-la até a loja.

Muitas horas (e muitos hematomas por manuseio incorreto de ferramentas, além da queda de uma no meu pé) depois, ficamos ombro a ombro, olhando com orgulho para a maravilha de um SPROINK ou VERBLANGT totalmente construído, ou qualquer sistema de prateleira que fosse aquele. Naquele momento, minha amiga se virou para mim e disse: "Heidi, obrigada. Você é sempre tão prestativa e generosa." Ela estava falando sério.

Mas, por mais agradável que tenha sido ouvir, essa declaração me pareceu *errada* na mesma hora.

Veja bem, eu nem *sempre* sou tão prestativa e generosa. Longe disso. Na verdade, naquela mesma manhã, eu havia tomado uma série de decisões que não ajudavam ninguém e que eram totalmente egoístas.

Primeiro, recusei o pedido de revisão de um artigo para uma revista científica porque o assunto parecia chato e eu não queria perder tempo com isso, embora soubesse que a revisão de artigos é necessária para a ciência, e apesar do fato de que provavelmente levaria o mesmo tempo que a montagem da prateleira e seria muito menos doloroso fisicamente.

Depois, optei por ignorar estrategicamente um e-mail pedindo aos pais que se oferecessem para ajudar em uma festa do sorvete para a turma do quinto ano da minha filha. Porque, eu disse a mim mesma, eu tinha feito isso no ano anterior, então deveria ficar isenta por vários anos. Além disso, alimentar alunos do quinto ano com sorvete é um trabalho ingrato e melado.

Finalmente, a contragosto, concordei em lavar a roupa lá de casa. Sei que esta é uma parte mundana da vida adulta cotidiana. No entanto, odeio lavar roupa tanto quanto é possível para um ser humano adulto odiar uma tarefa perfeitamente mundana. Mesmo assim lavei, mas só depois de emitir um alto e longo suspiro, revirar os olhos com tanta força que estou surpresa por não ter torcido alguma coisa e murmurar: "Tudo bem, vou lavar. Mas não vou dobrar."

Depois de passar a primeira seção deste livro explicando por que não devemos hesitar tanto em pedir ajuda, mesmo que pareça um pouco estranho, vamos a uma reviravolta: a verdade é que pedir ajuda pode ser um pouco complicado. Se não fosse, você não estaria lendo este livro. Como veremos neste capítulo, embora a maioria das pessoas tenha um desejo inato de se sentir útil, elas odeiam se sentir *compelidas* a ajudar. Porém como você pode pedir ajuda a alguém sem, de certa forma, obrigá-lo?

As Quatro Respostas Possíveis a um Pedido de Ajuda

Aposto que quase todas as manhãs você envia e-mails pedindo algum tipo de favor profissional, talvez conselhos sobre um projeto, ajuda para conseguir um recurso difícil de encontrar, ou uma carta de apresentação e recomendação a um colega. Depois que os destinatários lerem sua solicitação, eles terão uma das mesmas quatro reações, mais ou menos.

Reação 1: Não

Um explícito "Não, desculpe, não posso ajudar com isso", como minha resposta ao jornal acadêmico, é o retorno que a maioria de nós geralmente espera ouvir. No entanto, conforme discutido no Capítulo 2, na verdade é uma resposta bastante rara. É muito difícil responder com um não direto e despreocupado quando alguém lhe pede algo. Bartleby, o Escrivão, poderia facilmente dizer "eu preferiria não fazê-lo", mas o resto de nós parece ter dificuldades em fazer isso. Embora seja estatisticamente improvável que sua resposta seja um sonoro não, ainda é possível.

Reação 2: Silêncio

A alternativa mais popular parece ser simplesmente ignorar a solicitação até que ela desapareça em sua caixa de entrada para que os destinatários possam fingir para si mesmos que se esqueceram de responder ou nunca a viram, como fiz com o e-mail da escola da minha filha. (E não consigo acreditar na frequência com que uso essa opção.) O benefício da reação 2 é que os destinatários não sentem o desconforto de dizer não. A desvantagem, é claro, é que eles deixam você, o remetente, esperando, o que é quase certamente mais irritante e causa certa ansiedade. E o resultado é o mesmo: eles não o ajudam.

Qualquer das reações, 1 ou 2, provavelmente fará com que o destinatário se sinta pelo menos um pouco desconfortável, isso se não experimentar um ataque completo de *"eu sou uma pessoa terrível"*.

Reação 3: Sim Relutante

"Argh. OK, acho que tenho que ajudar... em algum momento" é uma reação muito popular, principalmente quando não há como evitar a pessoa que faz o pedido, isto é, você. Ao escolher a reação 3, os destinatários do pedido podem evitar a culpa de *não* ajudar, minimizando os inconvenientes para si mesmos e despendendo o mínimo de esforço possível. Claro, a desvantagem é que eles não terão nenhum prazer ou autoafirmação em ajudar. Na melhor das hipóteses, sentirão um pequeno alívio quando puderem riscar o favor da lista de tarefas.

Reação 4: Sim Entusiástico

"SIM!" é de longe a melhor reação para todas as partes envolvidas. Todos sabemos o que é estar genuinamente contente por poder ajudar alguém, sentir-se ansioso e energizado pela perspectiva de oferecer essa ajuda e ir além da boa vontade — às vezes proporcionando espontaneamente outras maneiras ainda mais eficazes em que podemos ser úteis. *Você quer que eu te apresente a John? Com prazer! Falando nisso, quer ser apresentado a Susan e Alex também? E tem alguém regando as suas plantas enquanto você está fora?*

Quando as pessoas têm a reação 4, não apenas dão o melhor de si, mas também se *sentem* no seu melhor. Elas experimentam picos de felicidade e bem-estar bem documentados por décadas de pesquisa. Gostam mais de si mesmas. E, claro, fortalecem as relações com aqueles a quem ajudam.

Mas um sim entusiástico é realmente bastante raro. Se é tão bom, por que as pessoas não têm essa reação o tempo todo?

Alguns psicólogos se concentram no que chamam de *diferenças individuais* como a principal forma de explicar comportamentos diferentes. Algumas pessoas têm tal tipo de personalidade, então fazem X, outras têm um tipo diferente de personalidade, então fazem Y. A análise de Adam Grant sobre doadores e tomadores (mencionada no capítulo anterior) se encaixaria nessa categoria. Doadores crônicos gostam tanto de ajudar (ou não gostam da dor de não ajudar) que dizem sim com entusiasmo quase o tempo todo, às vezes até mesmo a ponto de prejudicar os próprios objetivos, desejos e necessidades. Mas eles são apenas 20% da população.

E (como você deve ter notado) os seres humanos nem sempre são consistentes e previsíveis. A maioria de nós ajuda *às vezes*. Mas não em outras. Então, o que há de diferente nos momentos em que escolhemos ajudar e nos momentos em que escolhemos não ajudar?

Psicólogos sociais, como eu, tendem a querer explicar o comportamento menos em termos de personalidade (embora obviamente isso ainda seja importante) e mais em termos de contexto ou forças situacionais em jogo. *Quando* as pessoas são prestativas e generosas, e não apenas minimamente ou nada prestativas? *O que* motiva cada uma dessas reações e que tipos de recompensas ou incentivos uma pessoa precisa para obter o comportamento mais útil e solidário, não apenas uma vez, mas repetidas vezes?

Compreender as respostas a essas perguntas é muito, muito importante se você quiser chegar a algum lugar neste mundo. Ninguém consegue nada sozinho. Sim, todo mundo tem certas responsabilidades de trabalho ou coisas a fazer, então ser totalmente não cooperativo muitas vezes não é uma opção. Mas as pessoas têm, sim, opções quando se trata de priorizar o trabalho que fazem todos os dias e quanto de seu melhor esforço dedicar a ele. Seus colegas de trabalho podem acabar tendo que ajudar você — podem ser obrigados a oferecer um sim relutante —, mas eles não precisam estar ansiosos para isso. A questão é se você recebe ou não um sim entusiástico, e a resposta surpreendente é que isso está mais sob seu controle do que você pode imaginar.

A história da estante da IKEA contém exemplos de muitos dos elementos-chave aos quais voltarei repetidamente nesta parte do livro. *Sou estranhamente boa em fazer esse tipo de tarefa. A pessoa que precisava de ajuda era uma velha amiga de uma época importante da minha vida. Ela expressou gratidão de uma maneira particular. Pude ficar ao lado dela e ver os resultados dos meus esforços.* Cada um desses elementos fornecia um tipo de reforço de que eu precisava para motivar a ajuda da mais alta qualidade que eu tinha a oferecer — reforços que faltavam nos outros pedidos de ajuda que recebi naquela mesma manhã.

Ter que Ajudar versus Querer Ajudar

Psicólogos que estudam o comportamento pró-social há muito perceberam que existem vários fatores envolvidos quando uma pessoa ajuda outra — mais de uma fonte potencial de motivação. Claro, fiel à nossa tradição de longa data, a maioria dos profissionais desse campo não consegue concordar sobre quais são essas fontes de motivação ou como chamá-las. Grosso modo, porém, as distinções que os pesquisadores fizeram mapeiam-se e podem ser resumidas a isto: você está ajudando porque *tem* que ajudar ou porque *quer* ajudar?

Eu Fiz do Meu Jeito

Os seres humanos têm necessidades psicológicas. Isso está claro. Quantas necessidades, e exatamente quais são, ainda é uma questão de debate (sério, discutimos sobre tudo), mas a maioria dos psicólogos concorda que entre essas necessidades críticas está a necessidade de *autonomia*. (Você deve se lembrar, no Capítulo 1, de que a autonomia é uma das cinco categorias de ameaça social que ativam um centro de dor em nosso cérebro. Quando sentimos falta de autonomia, dói.)

Autonomia é sobre escolha e controle. Especificamente, trata-se de escolher seus próprios objetivos, atividades e experiências. Trata-se de sentir que o que você faz é um reflexo autêntico de *quem você é* — seus próprios valores e preferências. Nos Estados Unidos, temos expressões que usamos com frequência para captar essa noção, como ser *o capitão de seu próprio navio* e *traçar seu próprio curso*. Ou, se você preferir a versão mais moderna e menos náutica, *faça você mesmo*.

Quando nos envolvemos em um comportamento porque escolhemos, não porque temos que fazê-lo, somos o que os psicólogos chamam de *intrinsecamente motivados*. E, sem exagero, pesquisas mostraram claramente nos últimos trinta ou quarenta anos que esse tipo de motivação é simplesmente o melhor. Quando você está intrinsecamente motivado, tem maior interesse e prazer no que faz, mesmo quando é desafiador. É mais criativo e absorve mais novos conhecimentos. Você resiste melhor quando as coisas ficam difíceis. Em geral, a motivação intrínseca leva a uma maior melhoria, a um desempenho superior e a um sentimento mais profundo de satisfação.

Por exemplo, alunos do ensino médio que sentem que seus professores de educação física lhes dão "escolhas e opções" relatam gostar mais de exercícios e fazer mais exercícios no tempo livre.[1] Pessoas que participam de programas de emagrecimento que oferecem a sensação de escolha perdem mais peso.[2] (Resultados semelhantes foram apurados em programas de controle de diabetes, cessação do tabagismo, tratamento do álcool e manutenção com metadona.[3]) Estudantes com professores que apoiam a autonomia obtêm notas melhores, são mais criativos, buscam desafios e têm maior probabilidade de continuar na escola.[4] Pessoas que aderem a determinadas práticas religiosas porque desejam têm maior bem-estar e satisfação com a vida, enquanto aquelas que vão a uma igreja e seguem seus ensinamentos por obrigação não.[5] Residentes em asilos que podem escolher entre um conjunto de atividades todos os dias e podem organizar seus quartos de acordo com o gosto pessoal vivem mais.[6]

E não terminei. A motivação intrínseca é tão mágica que aparentemente pode fazer algo que os psicólogos pensavam ser impossível. Imagine se houvesse algo que pudéssemos adicionar ao motor do carro, para que, depois de dirigir 160km, tivéssemos *mais* gasolina no tanque do que no início. Seria ótimo, certo? Bem, a motivação intrínseca faz algo semelhante com seu tanque de gasolina: pode fazer você se sentir energizado — em vez de exausto — pelo trabalho mentalmente desgastante.

Em um fascinante conjunto de estudos, psicólogos da Universidade do Estado do Colorado designaram uma tarefa particularmente desgastante a participantes e depois variaram entre uma tarefa difícil, mas pessoalmente interessante ou uma tarefa relativamente fácil, mas que ninguém desejaria fazer. Eles descobriram que as pessoas que trabalharam na tarefa pessoalmente interessante se esforçaram mais e tiveram um desempenho muito melhor (apesar de estarem cansadas) do que aquelas que trabalharam na tarefa obrigatória, ainda que a pessoalmente interessante fosse mais *difícil* do que a obrigatória. Em outras palavras, experimentar a motivação intrínseca restaurou energia e deu a eles uma vantagem tangível.[7]

Em outro estudo, pesquisadores descobriram que experimentar motivação intrínseca também resultava em melhor desempenho em uma tarefa *subsequente*. Em outras palavras, você não apenas faz um trabalho melhor na tarefa A porque a acha inerentemente interessante; você faz um trabalho melhor na tarefa extra B *porque achou a tarefa A inerentemente interessante*. A energia restaurada flui para o que você fizer a seguir.

(Incidentalmente, cada um desses estudos comparou os efeitos da motivação intrínseca e do bom humor e descobriu que, embora as pessoas obtenham alguma restauração de energia por serem felizes, elas obtêm muito mais por se interessarem e se envolverem com o que fazem.)

Eu Fiz do Seu Jeito

Sentir-se controlado, por outro lado, resulta em um estado muito menos eficaz e satisfatório. Destrói qualquer motivação intrínseca que você possa ter e a substitui pela sensação de que é melhor acabar logo com aquilo. Ninguém gosta de se sentir microgerenciado, obviamente, mas o que *é* surpreendente é como mesmo formas sutis de controle podem ter um impacto tão forte (e negativo).

Um dos meus exemplos favoritos vem de um estudo do pesquisador de motivação intrínseca Mark Lepper.[8] Ele e seus colegas começaram estudando uma das coisas mais intrinsecamente motivadas que você pode imaginar: crianças em idade pré-escolar brincando com canetas coloridas. Obviamente, não é necessário dizer a crianças de 4 anos que brinquem com canetinhas. Você não precisa ameaçá-las com punições ou seduzi-las com recompensas. Elas simplesmente fazem porque *querem*. Mas o que acontece com o desejo natural quando tentamos controlá-lo?

Lepper disse a algumas das crianças que elas poderiam ganhar um "Prêmio de Bom Jogador" especial se desenhassem figuras com as canetas, e elas o fizeram com entusiasmo, usando as canetas por mais tempo do que as crianças que não receberam a oferta do prêmio. Isso é ótimo, certo? A premiação foi motivadora! Só que, na verdade, não foi. Depois que Lepper deu o prêmio e não ofereceu novos prêmios, as crianças não quiseram mais brincar com as canetas. A motivação intrínseca para brincar com as canetas foi completamente destruída pela recompensa. Para elas, as canetas se tornaram algo com que só brincavam se recebessem algo em troca. Mas para as que nunca receberam prêmio, as canetas ainda eram algo com que brincavam porque queriam.

Recompensas não são as únicas coisas que nos fazem sentir controlados. Ameaças, vigilância, prazos e outras pressões têm o mesmo efeito, porque nos fazem sentir que não somos mais livres para agir como queremos. O que nos leva ao ponto em questão: o que acontece com a probabilidade e a qualidade da ajuda quando as pessoas sentem que *precisam* ajudá-lo? Como é a ajuda controlada?

Não é boa.

Como Fazemos as Pessoas se Sentirem Compelidas a Ajudar

Por que as pessoas às vezes se sentem controladas quando lhes pedem ajuda? Para começar, como mostra a pesquisa de Vanessa

Bohns descrita no Capítulo 2, as pessoas sentem um desconforto psicológico significativo quando recusam um pedido. Acreditamos que as *pessoas boas ajudam*, então, se escolhemos não ajudar, o que somos? Além disso, rejeitar outra pessoa necessitada cria uma tensão incômoda que não é facilmente resolvida, mesmo quando pedimos desculpas e justificamos a rejeição. De fato, fugir rapidamente é a única opção.

Além disso, quando alguém pede ajuda e você considera dizer não, *sabe* que o desconforto virá. É como uma forma de punição. E, de modo geral, quando você sabe que um curso de ação levará à punição e a única maneira de evitá-la é ceder ao pedido, você se sente controlado.

Este é o problema em pedir ajuda: se as pessoas disserem sim, podem se sentir controladas. Se disserem não, podem se sentir verdadeiras idiotas. Não tem como vencer aqui. E há circunstâncias que tornam ainda mais aguda a sensação de ter que ajudar.

Pode Me Fazer um Favor?

Imagine que você está andando pela Penn Station em Nova York — um dos centros de transporte mais movimentados da cidade — a caminho do trabalho. Um estudante universitário se aproxima com uma prancheta na mão. (Se você soubesse neste ponto que o aluno era do laboratório de pesquisa de Bohns, presumo que usaria o bom senso que Deus lhe deu e correria.)

O aluno pergunta: "Com licença, você poderia preencher um questionário?" Como acha que você responderia? Agora, e se o aluno perguntasse "Você pode me fazer um favor?" e então esperasse até que você respondesse (com algo como: "Sim, claro, o que é?", como a maioria das pessoas faria) antes de perguntar: "Você preencheria um questionário?" Você acha que responderia de forma diferente?

Suponho que agora você esteja pensando que não há diferença real entre essas duas abordagens, então responderia da mesma maneira em ambos os casos e diria não. Mas estou aqui para dizer que você está errado. A segunda versão — aquela que pedia e obtinha o compromisso de um *favor* antes de revelar o pedido — rendeu uma taxa de cooperação de 84%, em comparação com apenas 57% da versão sem favor (o que ainda é impressionante. As pessoas realmente são prestativas).[9]

De acordo com Bohns e seu coautor, Frank Flynn, pedir a alguém que se comprometa com um favor leva a níveis mais altos de ajuda. Basicamente, aumenta o potencial desconforto de dizer não. Afinal, não apenas as pessoas boas ajudam, mas *você acabou de dizer que faria um favor*. Agora você também vai ser uma pessoa que não cumpre a palavra? Que ótimo!

Neste momento, você pode estar pensando consigo mesmo: "Ei, isso parece uma ótima maneira de fazer com que as pessoas me ajudem quando precisar! Vou fazer com que façam um pré-compromisso." Mas esteja avisado, essa abordagem tem uma desvantagem potencial significativa. Depois de preencher os questionários, os pesquisadores perguntaram aos trabalhadores de Nova York quanto dinheiro deveriam receber como recompensa pelo trabalho que tiveram. As pessoas que se comprometeram previamente com um favor pediram mais que o *dobro* do dinheiro. Elas se ressentiram de terem se sentido pressionadas e queriam ser recompensadas de acordo por sua dor e sofrimento.

Em outras palavras, as táticas de influência podem ter compensações. Em curto prazo, você pode conseguir o que deseja. Mas, em longo prazo, terá alguém em sua vida que sente que você deve muito a ela. O que, ironicamente, pode fazer *você* se sentir controlado.

Você Está Me Devendo

A reciprocidade é uma força poderosa na psicologia humana. Pense em todas as expressões que usamos em nossa vida diária que capturam a crença de que devemos dar o que recebemos e receber o que damos:

Olho por olho.

Não faça aos outros o que não quer que façam a você (ou a Regra de Ouro).

Amor com amor se paga.

Você colhe o que planta.

Uma das normas mais difundidas (isto é, regras de comportamento às quais um grupo ou sociedade adere explícita ou implicitamente) em todas as culturas é a norma da reciprocidade.

Espera-se que as pessoas deem o que recebem na mesma moeda. E geralmente elas fazem isso.

Isso é impulsionado por duas influências. Quando alguém lhe faz uma boa ação, a maioria das pessoas experimenta um sentimento de gratidão e de obrigação ou dívida. Você pode supor que é o senso de obrigação ou dívida que gera uma ajuda maior, mas a gratidão também pode aumentar a ajuda, mesmo àqueles que não fizeram nada por você. Estudos mostram, por exemplo, que quando as pessoas são levadas a se sentirem gratas, não apenas ficam mais propensas a ajudar o benfeitor, mas também a ajudar estranhos que precisam. (Mas esse efeito desaparece depois de cerca de trinta minutos. As pessoas não tendem a *permanecer* gratas, como tenho certeza de que você já percebeu.)[10]

Na verdade, existem três tipos de reciprocidade de acordo com a pesquisa de Frank Flynn.[11] A *reciprocidade pessoal* é um tipo de troca negociada ou escambo. É o *você coça minhas costas e eu coço as suas*. Por exemplo, quando colegas de trabalho decidem trocar turnos ou colegas de quarto se revezam lavando a louça, isso é reciprocidade pessoal. Geralmente não leva a uma ajuda além do que foi explicitamente negociado; não gera gratidão e o sentimento de obrigação que você pode sentir é satisfeito pelos termos da troca. Em essência, a reciprocidade pessoal é estritamente comercial.

A *reciprocidade relacional* é exatamente o que parece: o tipo de reciprocidade em que nos envolvemos em relacionamentos reais (com amigos, parceiros românticos, familiares etc.). Não é um acordo explícito. Apenas tendemos a ajudar um ao outro, assumindo que no futuro o parceiro de relacionamento nos apoiará quando necessário. Não há contagem de pontos. (A menos, é claro, que uma pessoa falhe repetidamente em retribuir o apoio. Isso geralmente é notado e não termina bem.) A reciprocidade relacional gera gratidão e um senso de obrigação, mas esse senso de obrigação é específico para o parceiro de relacionamento apenas.

A *reciprocidade coletiva* é uma espécie de troca generalizada de ajuda, no nível de grupo. É quando você dá uma mãozinha porque compartilha uma identidade com alguém. Essa identidade pode ser algo bastante amplo, como ajudar alguém da mesma etnia, nacionalidade ou religião, ou muito específico, como ajudar um colega de departamento, um membro da Associação de Pais e Alunos local ou alguém que joga boliche na mesma liga que você.

A ajuda coletiva, assim como a ajuda relacional, ocorre sem preocupação com o retorno imediato do investimento. Você não necessariamente espera ajuda dessa pessoa específica em troca, mas tem uma fé mais ampla (muitas vezes implícita) de que ajudar alguém que é seu semelhante de alguma forma é bom, porque você pode esperar ajuda de outras pessoas semelhantes quando precisar.

Além disso, ainda existe aquele elemento de se sentir um pouco controlado tanto na responsabilidade relacional quanto na coletiva — a sensação de que *devo* ajudar minha amiga regando suas plantas enquanto ela estiver fora ou ajudar meu parceiro dando-lhe uma carona até o aeroporto. De que eu realmente *deveria* ajudar meu colega entusiasta de *cosplay* cujo carro quebrou na beira da estrada. (E, a propósito, bela fantasia de Mulher Maravilha. Amei o Laço da Verdade.)

Qual tipo de reciprocidade é mais comum? Normalmente, quanto mais próximas duas pessoas se tornam, mais provável é que mudem de trocas pessoais explicitamente negociadas — a forma mais segura de reciprocidade quando não se sabe o quanto confiar em alguém — para reciprocidade relacional ou coletiva, por meio de laços de apego ou identidade comum.

Óbvio, o constrangimento pode surgir quando duas pessoas interpretam seu tipo de reciprocidade de maneira diferente. Por exemplo, quando uma pessoa vê como pessoal, e a outra, relacional, as propostas de troca direta podem ser desconcertantes e causar conflitos, prejudicando a própria relação. Ainda me lembro de quando alguém que eu considerava uma amiga me perguntou se eu cuidaria de seu gato quando saísse de férias, o que eu faria com prazer, *até* que ela me ofereceu US$100 para isso. Eu me senti extremamente desconfortável e um pouco insultada por ela achar que eu desejaria uma compensação por lhe fazer um favor. Achei que já tínhamos *passado* desse ponto, por assim dizer. Eu ainda cuidei do gato, é claro, mas não me diverti muito.

E esta é a desvantagem de inadvertidamente fazer as pessoas se sentirem obrigadas a ajudá-lo: enquanto a ajuda dada com entusiasmo e liberdade confere uma série de benefícios a quem ajuda, as pessoas que dizem um sim relutante não experimentam nenhum deles. Elas podem até começar a evitá-lo, para não enfrentarem a dor de recusar (ou ignorar) seus pedidos.

Ao evitar, contornamos o dilema de nos sentirmos controlados pelos pedidos de ajuda de outras pessoas. Sejamos sinceros, a maioria de nós já fez isso uma vez ou outra. Quando eu era aluna de pós-graduação e o dinheiro era escasso, admito que evitei minha cota de Papais Noéis do Exército da Salvação e crianças em idade escolar vendendo chocolate de porta em porta. Atravessei a rua para evitar qualquer um com uma prancheta que parecesse suspeito, como se estivesse prestes a me contar sobre sua nobre causa. Até hoje, recuso todas as ofertas de ajuda em lojas por medo de que, se alguém for legal comigo, eu me sinta obrigada a comprar algo.

Isso não faz de você uma pessoa má; é apenas a natureza humana. Em um estudo, pesquisadores disseram aos participantes que eles poderiam responder a algumas perguntas sobre seus próximos planos de Ação de Graças e serem pagos por isso. Metade dos participantes recebeu a informação que, no final, escolheriam entre ficar com o dinheiro ou doá-lo ao Hospital Infantil St. Jude. Para esse grupo, as taxas de participação caíram mais de 10%. Quando confrontados com a escolha entre manter o dinheiro e se sentir um idiota ou doar o dinheiro, mas se sentirem controlados, algumas pessoas escolherão nem sequer participar.[12]

Vale Lembrar

➤ Quem busca ajuda precisa navegar por um paradoxo complicado. Embora os pesquisadores tenham descoberto que há muitos benefícios psíquicos em ser útil — isso faz com que os ajudantes se sintam muito, muito bem —, esses benefícios evaporam quando alguém se sente *compelido* a ajudar.

➤ Embora algumas táticas de influência comumente usadas — como perguntar às pessoas: "Posso pedir um favor?" antes de realmente pedir o favor — aumentem a probabilidade das pessoas ajudarem, elas têm um custo. Elas nos fazem sentir encurralados e, portanto, reduzem a qualidade ou a quantidade de ajuda que oferecemos.

➤ A reciprocidade parece ser a resposta; eu ajudo você, você me ajuda, e todos nos sentimos bem. Mas até mesmo aceitar a ajuda de outra pessoa pode nos fazer sentir controlados, como se devêssemos algo a ela.

➤ Essa é, se não uma má notícia, pelo menos mais uma complicação para quem busca ajuda.

Capítulo 5

Os Quatro Passos para Obter a Ajuda de que Precisa

Você está andando por uma rua a caminho do trabalho e vê um homem idoso que parece dormir em um banco com um jornal aberto no colo. Cerca de um quarteirão depois, você passa por uma jovem em um carro estacionado. Ela está tentando ligar o motor, mas ele não funciona. A alguns metros de distância, uma mulher de meia-idade com uma pochete e uma câmera pendurada no pescoço olha de um lado para outro entre o mapa nas mãos e os números dos prédios e placas de rua ao redor.

Ao chegar ao trabalho, você vê um dos funcionários caminhando em direção a uma mesa, tentando equilibrar uma caixa cheia de arquivos debaixo do braço sem derramar o café. Sua colega de escritório lhe dá um alô rápido e volta a franzir a testa para a tela do computador, resmungando baixinho sobre como não consegue entender a planilha em que está trabalhando. Em seu correio de voz há a mensagem de um amigo que quer se encontrar para um drinque depois do trabalho, e algo no tom na mensagem parece um pouco estranho. Mas você tem um relatório para amanhã, então envia a ele uma mensagem de texto curta pedindo para deixarem para outro dia.

Algumas dessas pessoas precisavam da sua ajuda; outras podiam passar sem ela. Se os eventos que acabei de descrever tivessem acontecido na vida real, você acha que saberia qual é qual?

A resposta certa é: provavelmente não. Na prática, pode ser muito, muito difícil reconhecer quando alguém precisa mesmo de ajuda. As chances são de que você tenha testemunhado eventos como os descritos inúmeras vezes. Muitos deles provavelmente nem foram registrados em sua mente, mas você os notou pelo menos em seu inconsciente. E, em algum nível, você tomou uma decisão sobre se exigiam ou não sua atenção. Na maioria das vezes, você continuou o seu dia, não porque é uma pessoa egoísta e cruel, mas porque quando as situações são ambíguas, os seres humanos tendem a preferir cuidar da própria vida.

Isso significa que quando é você que precisa de ajuda ou apoio, é — sem dúvida — muito menos óbvio para as pessoas ao seu redor do que pensa. A fria indiferença de um colega em relação à sua épica batalha com planilhas, os rudes nova-iorquinos que passam enquanto você procura em vão pelo lugar que vende ingressos pela metade do preço para *O Rei Leão* — essas pessoas provavelmente não são indiferentes ou rudes. Elas simplesmente *não viram sua necessidade*.

O que nos leva ao primeiro passo para obter a ajuda ou o apoio que deseja. Você tem que garantir que outras pessoas percebam o que está acontecendo. Mas, é claro, isso está longe de ser o único desafio: existem, de fato, quatro etapas vitais que devem ocorrer para que alguém o ajude.

Passo 1: A Pessoa Tem que Perceber que Você Precisa de Ajuda

Obstáculo: as Pessoas Não Prestam Atenção a Tudo que Acontece ao Redor

Os seres humanos são, via de regra, preocupados com os próprios assuntos. Não prestamos atenção a todos os detalhes no nosso entorno — incluindo as outras pessoas naquele ambiente — em grande parte porque seria impossível fazê-lo. Há muito o que assimilar. Portanto, somos seletivos, concentrando-nos antes de mais nada nas informações que parecem relevantes para nossos próprios objetivos. Isso leva a um fenômeno fascinante, mas muito comum, conhecido como *cegueira por desatenção*, cujo exemplo mais famoso é o chamado teste do gorila invisível.

Os psicólogos Dan Simons e Christopher Chabris (autores do fascinante livro apropriadamente intitulado O *Gorila Invisível*) pediram aos participantes de um estudo que assistissem a um vídeo com um grupo de pessoas trocando passes com uma bola de basquete e lhes disseram para contar o número de passes feitos. A certa altura, uma pessoa vestida de gorila caminha pela cena, mas não interage com a bola. Quando questionados no final do vídeo se haviam testemunhado algo fora do comum, 50% dos participantes disseram que não. Eles *falharam completamente em notar o gorila* porque estavam muito preocupados com a tarefa de contar passes.

Outros estudos mostraram posteriormente que, de forma mais geral, quando as pessoas estão focadas em um determinado objetivo ou tarefa, ou quando há um alto grau de *carga perceptiva* (ou seja, muitas imagens e sons competindo por atenção), a cegueira por desatenção é provável. É por isso que em ambientes movimentados ou barulhentos, como grandes cidades, é menos provável que as pessoas percebam que alguém precisa de ajuda e, consequentemente, são menos propensas a oferecê-la do que em áreas mais tranquilas e rurais.[1] Os nova-iorquinos não são necessariamente menos amigáveis, mas eles *são* bombardeados por um fluxo constante de imagens e sons com os quais uma pessoa comum em Twin Lakes, Minnesota, simplesmente não tem que lidar. E se 50% das pessoas podem ignorar um cara vestido de gorila, quais são as chances de seu colega de escritório perceber que você precisa de uma mão com aquela caixa de arquivos?

Não é apenas um ambiente agitado e movimentado que pode dificultar a detecção da necessidade de ajuda. Às vezes, o problema vem de dentro do potencial ajudante. Estudos mostram, por exemplo, que pessoas com humor negativo — aquelas que se sentem ansiosas, deprimidas ou frustradas — têm menos probabilidade de prestar atenção a outras pessoas ao redor ou perceber as necessidades delas.[2] Da mesma forma, estar em uma posição de relativo poder sobre outros, como os gerentes são em relação aos funcionários, tem demonstrado desviar a atenção dos menos poderosos e direcioná-los para os próprios objetivos.[3] Ironicamente, é claro que costumamos buscar ajuda com os mais poderosos — e com quem tem mais meios de ajudar —, que são justamente as pessoas menos propensas a perceber que estamos com problemas em primeiro lugar.

Passo 2: O Ajudante Tem que Acreditar que Você Deseja Ajuda

Obstáculo: *As Pessoas Não Leem Mentes*

Às vezes, os outros falham em oferecer ajuda não porque não percebem que algo está errado, mas por causa do que os psicólogos chamam de *inibição do público* — nosso medo generalizado de parecermos tolos na frente de outras pessoas.[4] No caso de ajudar, existem duas fontes principais de inibição. Primeiro, nos preocupamos com a possibilidade de ter interpretado mal a situação (*talvez aquela pessoa que se debate na piscina tenha apenas uma técnica de natação realmente desajeitada...*) e ficaremos envergonhados se estivermos errados. Em segundo lugar, também sabemos que as pessoas podem ficar muito irritadas quando oferecemos apoio não solicitado; afinal, só porque alguém está com dificuldades, não significa que não esteja determinado a enfrentar o desafio por conta própria. Mesmo quando está claro que uma pessoa pode se beneficiar da ajuda, isso não significa necessariamente que ela a *deseja*.

Vamos começar com a primeira fonte de inibição: como as pessoas determinam se a necessidade de ajuda é genuína quando ninguém está gritando: "Por favor, me ajude"? A resposta é: olhamos para os outros ajudantes em potencial para ver como *eles* estão reagindo. Se vemos outras pessoas se preparando para agir ou até mesmo preocupadas, isso valida nossa sensação de que algo está genuinamente errado. Mas quando outras pessoas *não* reagem — quando estão calmas e continuam apenas cuidando de suas próprias vidas —, normalmente também não reagimos. A dimensão em que essa última afirmação é verdadeira é um tanto extraordinária.

Tomemos, por exemplo, um famoso conjunto de estudos de Bibb Latane e John Darley, da Universidade de Princeton, da década de 1960. Eles disseram aos alunos para se sentarem em uma sala e preencherem questionários — sozinhos ou com dois outros alunos que eram cúmplices no experimento. Depois de um tempo, fumaça começou a entrar na sala pelo sistema de ventilação. Quando os participantes estavam sozinhos, rapidamente se alarmavam e procuravam ajuda. Mas quando estavam com os dois alunos que ignoraram completamente a fumaça, os participantes não fizeram *nada*. A fumaça ficou tão espessa que era difícil até *enxergar* os questionários, mas o participante ficou parado, tendo inferido pela falta de reação dos outros alunos que não havia motivo para alarme. Em um estudo semelhante, os participantes também falharam em responder aos gritos e choros de dor de uma mulher em uma sala adjacente se os cúmplices parecessem ignorar.[5]

Em certo nível, faz sentido buscarmos outras pessoas para nos ajudar a entender situações ambíguas e, ainda em outro nível, isso é totalmente aterrorizante. Na maioria das vezes, não há razão para acreditar que as outras pessoas em questão tenham conhecimento superior ou alguma visão única da situação. No entanto, nos comportamos como se elas o tivessem, confiando em uma sabedoria coletiva que poderia facilmente se transformar em estupidez coletiva.

Agora vamos analisar a segunda fonte de inibição do público: temer que a ajuda não seja desejada. Além da preocupação muito real de que o beneficiário possa querer resolver o problema por conta própria, também existem importantes *normas*, ou regras não escritas, em uma sociedade que podem influenciar se uma pessoa verá a ajuda como bem-vinda. Talvez a mais conhecida seja a *norma da privacidade familiar*, que torna as pessoas relutantes em interferir em questões domésticas entre, por exemplo, maridos e esposas, ou pais e filhos.

Um exemplo assustador dessa norma vem de um estudo de Lance Shotland e Margaret Straw no início dos anos 1970. Eles encenaram uma agressão física pública de um homem a uma mulher na frente de testemunhas homens e mulheres. Quando a mulher gritou: "Eu não te conheço!", 65% dos espectadores intervieram para tentar deter o ataque. Mas quando ela gritou: "Não sei por que me casei com você!", apenas 19% intervieram.[6]

O que acontece quando a relação entre o homem e a mulher não é clara? Em um estudo separado, mais de dois terços dos participantes que assistiram a um filme mudo que mostrava um homem atacando uma mulher *supuseram* que eles eram amantes ou cônjuges, embora nada no filme sugerisse que esse fosse o caso. Em outras palavras, a norma da privacidade familiar pode interferir na obtenção de ajuda para alguém necessitado, mesmo quando não há relacionamento familiar para ter a privacidade preservada.

Parte do problema é que, de modo geral, as pessoas acham que, se quiser ajuda, você vai pedir. Elas esperam que *você* vá até *elas*, esquecendo-se de como pode ser desconfortável e constrangedor pedir ajuda e de como a maioria de nós reluta em fazê-lo. (Por exemplo, em um estudo pesquisadores perguntaram a assistentes de ensino no início de um semestre quantos alunos eles achavam que os abordariam para pedir ajuda durante o curso. Eles superestimaram a procura de ajuda em algo entre 20% e 50%.[7])

Tanto o perigo de má interpretação quanto o medo de que a ajuda não seja bem-vinda criam obstáculos significativos para os ajudantes em potencial. Quando você é a pessoa necessitada, é do seu interesse remover esses obstáculos, e a boa notícia é que os meios para removê-los são bem simples: *peça ajuda diretamente*.

Sei que isso pode não ser o que você quer ouvir. Todos nós preferiríamos que os outros pudessem apenas intuir nossa necessidade com precisão e oferecer ajuda de acordo. Mas não é assim que funciona. Quando as pessoas andam por aí presumindo que você pediria ajuda se precisasse, pedir é praticamente a única opção.

A grande maioria do comportamento pró-social ocorre, não surpreendentemente, em resposta a pedidos específicos de assistência.[8] No local de trabalho, as estimativas sugerem que até 75% a 90% da ajuda que os colegas oferecem uns aos outros é em resposta a apelos diretos.[9] E quase metade dos norte-americanos que trabalham como voluntários em instituições de caridade e outros serviços públicos dizem que se envolveram por terem sido solicitados pela própria organização ou por um amigo, membro da família ou colega de trabalho que também se voluntariou.[10]

Pedir ajuda diretamente resolve os obstáculos do Passo 1 e do Passo 2 — quando você é proativo em deixar clara sua necessidade, é mais provável que seu potencial benfeitor perceba e se sinta confiante de que a ajuda é bem-vinda.

Passo 3: O Ajudante Precisa Assumir a Responsabilidade de Ajudar

Obstáculo: Muitas Pessoas Podem Ajudar — Por que Eu?

Se você já fez um curso de psicologia social, já ouviu a terrível e trágica história de Kitty Genovese. Embora a história não tenha acontecido da forma como foi relatada inicialmente, aquela reportagem inicial foi a inspiração para a pesquisa que levou a uma das mais importantes — e preocupantes — percepções de nosso campo sobre por que as pessoas ajudam (ou não).[11]

Ao voltar para o seu apartamento no Queens depois do trabalho em uma manhã de março de 1964, Genovese, de 28 anos, foi brutalmente atacada e assassinada por Walter Moseley, um operador de máquina de 29 anos. O ataque ocorreu no pátio de seu prédio ao longo de meia hora, durante a qual Genovese gritou por ajuda várias vezes. Esse fato não é incontroverso. A parte controversa — e que levou tantas pessoas a ficarem horrorizadas com o relato do assassinato no *New York Times* — é que a polícia alegou que, embora muitas pessoas tivessem ouvido seus gritos de socorro e até testemunhado parte do ataque, ninguém veio em seu socorro.[12] Pesquisas mais recentes sugerem que muitas pessoas não ouviram ou testemunharam o crime e, das que ouviram, duas chamaram a polícia, uma gritou com o agressor e o assustou e outra saiu para acolher Genovese, que morreu em seus braços.[13]

Durante anos, a morte de Kitty Genovese foi citada como evidência da extrema indiferença e insensibilidade dos nova-iorquinos, impassíveis demais para se preocupar em ajudar uma mulher moribunda diante de sua porta. Mais recentemente, foi chamado de exemplo de apatia policial em relação à violência contra as mulheres ou à violência em certos bairros. O horror da história — negligenciado nos relatos iniciais — inspirou vários livros, filmes e podcasts e muitas adaptações ficcionais.

Também levou a um grande corpo de pesquisa acadêmica sobre o *efeito espectador*.

Os pesquisadores Latane e Darley foram os primeiros a teorizar que não era insensibilidade ou ignorância que impedia as pessoas de ajudar; eles argumentaram que havia um número *grande demais* de ajudantes em potencial.

Imagine que você está dirigindo por uma estrada secundária isolada no campo e passa por uma senhora idosa parada na beira da estrada com o pisca-alerta do carro ligado. Você pararia para ajudar? As chances são de que sim, por saber que não haveria outro carro passando por essa estrada tão cedo. Se você não a ajudar, talvez ninguém o faça.

Agora imagine que você está dirigindo por uma rua movimentada da cidade e passa por essa mesma senhora idosa com o pisca-alerta do carro ligado. Você pararia para ajudá-la agora? É quase certo que não, porque, afinal, com tantas outras pessoas por perto, por que você deveria ajudar? Latane e Darley cunharam o termo *difusão de responsabilidade* para captar a diferença entre esses dois cenários. Quanto mais pessoas presentes que *possam* ajudar, menos claro ficará para todos os envolvidos quem *deve* ajudar.

Para testar a teoria, eles montaram um experimento elaborado. Os participantes ficavam sentados sozinhos em uma sala com um microfone. Eles eram levados a acreditar que estariam falando com até outros cinco participantes em uma conversa privada que os pesquisadores não ouviriam. Na realidade, não havia outras pessoas no experimento. Em vez disso, cada um ouviu a mesma versão roteirizada de outro participante — que havia mencionado ter epilepsia —, e de repente ele começa a ter uma convulsão. Ele pediu ajuda e depois ficou em silêncio.

Quando os participantes acreditaram que eram a única pessoa que ouvira o que havia acontecido, 100% procuraram ajuda. Mas quando pensaram que uma terceira pessoa tinha ouvido, apenas 80% procuraram ajuda, e quando pensaram que seis outras pessoas tinham ouvido, apenas 60% o fizeram.

Latane e Darley também notaram que, mesmo quando as pessoas não procuravam ajuda, elas estavam longe de serem complacentes com isso. Os participantes dos grupos de três e seis pessoas geralmente demoravam mais para obter ajuda e pareciam visivelmente confusos e agitados, sem saber como se comportar em uma situação em que seu próprio papel não era claro. *Talvez alguém já tenha ido buscar ajuda? Devo fazer alguma coisa ou apenas esperar para ver?*[14]

Estudos subsequentes mostram o mesmo efeito consistente — quanto mais espectadores presentes quando alguém precisa de ajuda, menos provável é que alguém realmente se ofereça para ajudar. Não é insensibilidade; é uma confusão sobre quem, exatamente, assume a responsabilidade. Eu sei que você pode precisar de ajuda, mas por que deveria ser eu a ajudá-lo?

Uma das formas mais comuns pelas quais as pessoas são vítimas da difusão de responsabilidade no dia a dia é cometendo um erro clássico: pedir ajuda por e-mail de grupo. Não há nada como ser copiado em uma solicitação de suporte para fazer você se sentir menos compelido a realmente oferecê-lo. Para quantas outras pessoas você está pedindo para promover seu produto, revisar seu livro ou ajudar em sua nova iniciativa? Dezenas? Centenas? Se você não pode se dar ao trabalho de apelar diretamente a mim pedindo minha ajuda, é claro que é porque você tem muitas pessoas que poderiam lhe oferecer o mesmo apoio. Francamente, eu não poderia ser *menos* responsável por ajudá-lo nem se tentasse.

Então, quando estiver buscando apoio, esteja ciente de que precisará aliviar essa confusão, dando ao seu benfeitor um claro senso de responsabilidade em ajudá-lo. Reserve um tempo para perguntar diretamente às pessoas e enviar e-mails exclusivos e pessoais quando precisar de ajuda. Caso contrário, será muito fácil ignorá-lo.

Passo 4: O Ajudante Precisa Ser Capaz de Dar a Ajuda Necessária

Obstáculo: Compromissos Concorrentes Podem Ser um Problema

Você é, sem dúvida, uma pessoa ocupada. Você pode ter um calendário repleto de compromissos e uma lista de tarefas com aproximadamente um quilômetro de comprimento. Você pode estremecer ao pensar na quantidade de responsabilidades em seu prato e, consequentemente, evitar fazê-lo tanto quanto possível. Portanto, quando alguém lhe pede um favor ou alguma forma de apoio, mesmo quando você realmente gostaria de ajudar, pode se sentir relutante em concordar em fazê-lo. Pessoas ocupadas e apressadas costumam dizer não às coisas rapidamente, sem considerar se podem reavaliar suas prioridades ou encaixar um compromisso adicional. Elas fazem isso não porque são preguiçosas ou egoístas, mas porque estar ocupado literalmente sobrecarrega nossos cérebros. Ter que pensar em muitas coisas ao mesmo tempo ou ter que trabalhar com prazos apertados reduz nossa memória de trabalho, limita nossa atenção e nos força a tomar atalhos mentais em vez de pensar nas coisas. E talvez não haja melhor exemplo desse efeito em ação do que um estudo de estudantes seminaristas de Princeton que foram convidados a dar uma palestra sobre a parábola do Bom Samaritano.

Caso não esteja familiarizado com a parábola:

> Mas ele, querendo justificar-se, perguntou a Jesus: "E quem é o meu próximo? "Em resposta, disse Jesus: "Um homem descia de Jerusalém para Jericó, quando caiu nas mãos de assaltantes. Estes lhe tiraram as roupas, espancaram-no e se foram, deixando-o quase morto. Aconteceu estar descendo pela mesma estrada um sacerdote. Quando viu o homem, passou pelo outro lado. E assim também um levita; quando chegou ao lugar e o viu, passou pelo outro lado. Mas um samaritano, estando de viagem, chegou onde se encontrava o homem e, quando o viu, teve piedade dele. Aproximou-se, enfaixou-lhe as feridas, derramando nelas vinho e óleo. Depois colocou-o sobre o seu próprio animal, levou-o para uma hospedaria e cuidou dele. No dia seguinte, deu dois denários ao hospedeiro e

disse-lhe: 'Cuide dele. Quando voltar lhe pagarei todas as despesas que você tiver'. "Qual destes três você acha que foi o próximo do homem que caiu nas mãos dos assaltantes? "Aquele que teve misericórdia dele", respondeu o perito na lei. Jesus lhe disse: "Vá e faça o mesmo."[15]

Os pesquisadores John Darley e Daniel Batson convidaram estudantes seminaristas de Princeton para participar de um estudo sobre "educação religiosa e vocações". Os seminaristas começaram o estudo em um prédio, onde preencheram uma série de questionários. Os pesquisadores então pediram que eles se apresentassem em outro prédio do outro lado do campus para a segunda parte do estudo, onde teriam que dar uma palestra. À metade deles, disseram que a palestra seria sobre os tipos de trabalho para os quais estudantes seminaristas são mais adequados; e pediram à outra metade que compartilhasse e expandisse a parábola do Bom Samaritano.

No fim, colocaram metade dos seminaristas em um estado de alta pressão. Pouco antes de sair, o pesquisador olhou para o relógio de pulso e disse: "Ah, você está atrasado. Eles estão esperando por você há alguns minutos. É melhor irmos logo. O assistente deve estar esperando, então é melhor se apressar. Deve levar apenas um minuto."

Andando entre os prédios, cada um passou por uma "vítima" de olhos fechados caída em um beco à vista de todos. À medida que o participante passava, a vítima tossia duas vezes e gemia, mantendo a cabeça baixa.

Dado que estes não eram apenas os alunos típicos de graduação que participam de experimentos de psicologia, mas também *seminaristas* — dedicados ao aprendizado e à prática de princípios religiosos —, que porcentagem você acha que parou para se envolver e oferecer ajuda à vítima?

No geral, 60% dos participantes não ofereceram *nenhuma forma de ajuda* à vítima. E entre aqueles que foram informados de que estavam atrasados e deveriam se apressar, apenas 10% ofereceram ajuda.

Mas e os participantes que foram informados de que estariam dando uma palestra sobre o Bom Samaritano, literalmente *minutos antes* de passar pela vítima? Depois de serem expostos a pensamentos de compaixão e generosidade, não seria mais provável que a notassem e atendessem à necessidade da vítima?

Errado de novo. O tema da palestra que dariam *não teve qualquer impacto* na probabilidade de ajudar. Como Darley e Batson observaram: "De fato, em várias ocasiões, um estudante seminarista que daria a palestra sobre a parábola do Bom Samaritano literalmente passou por cima da vítima enquanto seguia apressado para seu compromisso!"[16] (Sempre achei esse comentário ao mesmo tempo horrível e hilário de se imaginar.) Supondo que você não esteja deitado gemendo e simplesmente precise de ajuda comum do dia a dia, é importante lembrar, quando pedir, que as pessoas geralmente estão muito ocupadas; elas têm seus próprios objetivos, malabarismos a fazer e incêndios a apagar. Você pode aumentar a probabilidade de receber ajuda de uma pessoa ocupada fazendo três coisas.

Primeiro, seja *explícito e detalhista* sobre o que está pedindo e quanto esforço isso exigirá do ajudante. Pedidos vagos para "falar com você sobre seu trabalho" ou "ajudar em algo" provavelmente deixarão as pessoas preocupadas com o fato de que o pedido será significativo e que elas simplesmente não terão tempo e energia para isso. Em segundo lugar, esteja atento para manter os pedidos de ajuda em um tamanho *razoável* — algo que a outra pessoa consegue fazer, considerando outros compromissos. E terceiro, esteja *aberto* para receber uma ajuda diferente daquela que você pediu. Não se preocupe em não conseguir o que queria. Em vez disso, concentre-se em como está fortalecendo seu relacionamento aceitando a ajuda que *é* oferecida e tenha em mente que ela pode ser muito mais útil para você do que imagina.

Vamos resumir. Para fornecer assistência, seu benfeitor deve perceber sua necessidade e acreditar que você deseja ajuda. Você pode facilitar isso fazendo pedidos de ajuda diretos e explícitos. Não faça rodeios. Ele ou ela também precisa assumir a responsabilidade de ajudar, o que tende a acontecer mais quando as solicitações são feitas a um indivíduo específico do que a um grupo em geral. Por último, seu ajudante também tem uma vida. Faça um pedido razoável e, claro, esteja aberto a receber qualquer ajuda que conseguir.

Vale Lembrar

> ➤ O primeiro passo para obter ajuda de outras pessoas é garantir que elas percebam sua ne-

cessidade. Em geral, elas não estão prestando atenção em você como acredita que estão, porque estão preocupadas com as próprias vidas.

➤ Você precisa garantir a seus potenciais benfeitores que aceita a ajuda que eles podem fornecer. As pessoas acham que você pode se ressentir de ajuda não solicitada, então é necessário transmitir que realmente a deseja.

➤ Certifique-se de que o ajudante realmente assuma a responsabilidade de ajudar. Quando você pede ajuda a um grupo grande (digamos, por e-mail, com muitos destinatários), não fica claro por que devo ser eu a ajudá-lo.

➤ Por fim, lembre que sua necessidade não é a única coisa com que o ajudante deve se preocupar. As pessoas têm outros compromissos. Permita que o ajudem de outras maneiras, se não conseguirem atender ao pedido inicial.

Capítulo 6

Não Piore as Coisas

Meu amigo Thomas Wedell-Wedellsborg, coautor de *Inovação como Rotina*, me ajudou mais vezes do que posso contar. Também o testemunhei recusar pedidos suficientes para saber que, como eu, sua generosidade não é ilimitada. Recentemente, ele me contou sobre uma vez em que ajudou alguém, e a história se destacou para mim tanto por ser uma boa ilustração dos resultados da pesquisa sobre os benefícios da doação quanto por seu refrescante (embora bastante típico de Thomas) grau de franqueza sobre o assunto:

> Estou voltando de uma palestra em Singapura e, no aeroporto, encontro uma amiga da minha mãe que visitava o filho, que por acaso mora em Singapura. Ao embarcar no avião, sou chamado primeiro porque estou na classe executiva e percebo que ela está na classe econômica.

Entro no avião e olho para a classe econômica — e sou egoísta o suficiente para me perguntar: "Será que eu sobreviveria doze horas aqui?" Mas concluí que sim, então, quando ela entrou no avião, eu disse: "Você pegou a passagem errada." Levei-a para o meu assento na classe executiva e fiz a viagem de doze horas na econômica.

Quando fiz isso, foi uma escolha parcialmente calculada. Claro que eu queria fazê-la feliz... Mas outra parte da decisão definitivamente foi a consciência de que isso criaria repercussões positivas em casa, no clube de bridge da minha mãe. "Ah, ele é um rapaz tão maravilhoso", e assim por diante. Então, em parte, minha escolha foi motivada pelo egoísmo.

Mas o interessante é o seguinte: depois de ceder meu lugar e ver como ela ficou feliz, sentei-me na econômica com um sorriso estampado no rosto por uma hora. Senti uma alegria enorme. Fiquei realmente surpreso com a intensidade da minha própria alegria em ter feito isso, em ser uma pessoa que fez tal coisa. Havia duas pessoas muito felizes no voo naquele dia.

Um dos equívocos mais comuns sobre doar é que, se você está fazendo direito, o foco é inteiramente a outra pessoa. Essa doação não deveria ser sobre você. Mas isso é um absurdo. A escolha de ajudar outra pessoa é muitas vezes, se não sempre, pelo menos em parte sobre como você se vê e como a ajuda fará você se sentir. E isso é bom, porque os benefícios de ajudar, *para quem ajuda*, fornecem uma poderosa fonte de motivação, tão poderosa que pode deixar um homem sensato e inteligente bobo por passar doze horas na classe econômica.

Mas imagine como Thomas teria se sentido diferente se a amiga de sua mãe percebesse que ele estava na classe executiva, se aproximasse dele e dissesse: "Jovem Tommy, você se importaria de trocar de lugar?"

Como Piorar as Coisas

Pedir ajuda é complicado porque não se trata apenas do que você diz e faz. É também sobre o que você *não* diz ou faz. Conforme discutimos no Capítulo 4, há um paradoxo inerente em pedir ajuda; o mero fato de pedir pode tirar parte da motivação intrínseca do potencial ajudante. Dito isso, há algumas coisas específicas que podem fazer o tiro sair pela culatra. Neste capítulo, veremos algumas das maneiras mais comuns pelas quais pessoas bem-intencionadas estragam tudo e pioram as coisas para o ajudante.

Exagerar na Empatia

A empatia é um poderoso motivador para a ajuda. Ela surge quando percebemos algo ou alguém necessitado, quando valorizamos seu bem-estar e, mais importante, quando adotamos sua perspectiva — imaginando como seria estar no lugar deles. Isso, em essência, cria uma sensação pelo menos temporária de reciprocidade coletiva compartilhada (a sensação, discutida no Capítulo 4, de que ajudaremos alguém porque compartilhamos algo em comum com essa pessoa).

No caso da empatia, o senso de reciprocidade é baseado em uma experiência compartilhada e *imaginada*. Podemos entender *como seria*, por exemplo, estar encalhado na beira da estrada; não ter roupas limpas para vestir ou ser incapaz de entender desenhos suecos. E, sendo assim, paramos para ajudar motoristas encalhados, lavamos a roupa de outras pessoas (mesmo que *odiemos muito*) e ajudamos nossos amigos a montar suas prateleiras da IKEA.

O legal da empatia é que, por ser baseada na imaginação, podemos ter empatia por pessoas que nunca conhecemos, em situações em que nunca estivemos. Podemos ter empatia até por pessoas em situações que não são possíveis. Por exemplo, os espectadores podem sentir uma preocupação intensa com o astronauta de Matt Damon em *Perdido em Marte*, embora saibamos que não é possível para um ator de Hollywood (ou qualquer outra pessoa) chegar a Marte, muito menos ficar preso lá. Podemos imaginá-lo tão vividamente que realmente desejamos poder fazer algo para ajudar.

Na quantidade certa, gerar empatia pode ser uma maneira muito eficaz de obter apoio. Mas só até você ir longe demais. Porque "eu sinto sua dor" para de funcionar no momento em que a dor se torna muito forte. Então, a pessoa de quem você está tentando obter empatia provavelmente se desligará completamente e tentará se afastar de você o mais rápido possível, provavelmente sem ajudar.

O exemplo que sempre lembro é um específico comercial de TV da Sociedade Americana para a Prevenção da Crueldade a

Animais. Olha, eu amo cachorros. Eu os amei a vida toda. Não acho que seja possível amá-los mais do que já amo. Sem exagero, meu sonho é um dia me aposentar em uma daquelas grandes fazendas onde posso deixar cães resgatados vagarem livremente, sob cuidados caninos dos mais luxuosos. Mas não posso *tolerar*, por mais de dois segundos, o comercial da ASPCA com a música sentimental de Sarah McLachlan, "Angel". É de partir o coração ver todos aqueles cães e gatos de olhos tristes em gaiolas, enquanto talvez a música mais comovente da história da humanidade toca ao fundo. E não sou só eu; meus dois filhos (que também são loucos por animais) começam a gritar "Desliga! Desliga isso!" quando ouvem o acorde de abertura.

Eu doo para várias organizações de resgate de animais, tanto locais quanto nacionais, incluindo a ASPCA. Mas aquele comercial não fez nada para aumentar a minha generosidade. Na verdade, ele me deixou com medo de assistir a qualquer coisa nos canais em que normalmente vai ao ar. E tenho certeza de que não sou a única.

Portanto, use a empatia como ferramenta de busca de ajuda com cautela, ou ela pode alcançar o resultado oposto ao que você está procurando.

Desculpar-se Profusamente

Você já teve a experiência (muitas vezes desconfortável) de receber uma enxurrada de desculpas ao ouvir um pedido de ajuda? "Sinto muito por pedir isso, Heidi, mas eu realmente preciso da sua ajuda com esta tarefa. É horrível que eu tenha que pedir. Eu deveria ser capaz de fazer isso sozinho, e sei que você é muito ocupada. Eu realmente me odeio por pedir." Argh.

Receber um pedido como esse é horrível. Claro que você, como eu, provavelmente diria sim, em grande parte apenas para acabar logo com isso. Mas isso cairia na categoria de ajuda *controlada — estou fazendo isso porque tenho sou obrigada, não porque quero.*

A musicista e ex-artista de rua Amanda Palmer, em seu perspicaz livro *A Arte de Pedir*, escreveu longamente sobre suas experiências como artista e como sustentou a si mesma e a seu trabalho pedindo doações. Ao dar conselhos a outros artistas, ela diz que frequentemente os advertia a parar de se desculpar pela própria necessidade, porque (como observou corretamente) desculpas *distanciam*.

Entende-se, implicitamente, que as pessoas que estão no mesmo time — pessoas que compartilham um senso de reciprocidade relacional ou coletiva — contarão com o apoio umas das outras de tempos em tempos. E que, naturalmente, esse apoio será *retribuído*. Desculpas que acompanham um pedido de ajuda implicam sutilmente que *não* estamos no mesmo time; caso contrário, por que você estaria se desculpando? Nesse sentido, pedir desculpas na verdade mina nossa identidade intragrupo compartilhada, aumentando a distância entre nós e enfraquecendo nossos sentimentos de conexão.

Se você está pedindo ajuda porque fez algo errado — perdeu um prazo importante ou alienou um cliente desnecessariamente

— e agora precisa da ajuda de alguém para limpar a bagunça, é diferente. Nesse caso, peça desculpas por ter criado a confusão.

Mas, em geral, você deve evitar se desculpar por simplesmente pedir ajuda. Em vez disso, faça um pedido e agradeça quando alguém o ajudar. Isso é muito mais satisfatório para todos ao redor.

Explicar Demais

Frequentemente, as pessoas que pedem ajuda estão tão ocupadas tentando deixar claro que não são fracas ou gananciosas que desviam o foco da pessoa a quem pedem ajuda para si mesmas. Elas dizem coisas como: "Normalmente não sou do tipo que pede ajuda..." ou "Eu não pediria se tivesse escolha..." ou mesmo "Odeio ter que pedir isso a você...".

O impulso é compreensível. Pedir ajuda *é* desconfortável. As pessoas a quem estamos pedindo ajuda *podem* se sentir exploradas. Mas explicar demais e usar isenções de responsabilidade como essas são formas erradas de tornar o pedido mais aceitável. Não posso obter muita satisfação pessoal em ajudá-lo se sei que você odiou ter que me pedir e que parece estar infeliz com a situação.

E, assim como vimos com a reciprocidade coletiva ou relacional, qualquer tentativa de tornar a ajuda transacional — *isso é o que você ganha se me ajudar* — mina minha capacidade de me ver de uma forma positiva por ajudá-lo.

Portanto, mesmo que você se sinta um pouco desconfortável em pedir ajuda, tente não transmitir esse sentimento ao ajudante. Mantenha-se positivo e relaxado e se preocupe um pouco menos com o que isso diz sobre você e um pouco mais com o sentimento de quem o ajuda.

Enfatizar o Quanto a Outra Pessoa Vai Adorar Ajudar

"Você vai adorar! Vai ser tão divertido!" Uma das minhas colaboradoras tem uma amiga de longa data que tem o hábito de formular seus pedidos de ajuda dessa forma.

"Será que você pode me ajudar a pintar a sala este fim de semana? Podemos beber cerveja e colocar o papo em dia! Dia das garotas!", ela diz. Ou: "Ei, você poderia me pegar no mecânico? Não te vejo há séculos! Vamos passear juntas!"

O fato de essa amizade ter sobrevivido a esse tipo de pedido de ajuda é uma prova de sua força.

Nunca tente convencer alguém explicitamente de que atender ao seu pedido de ajuda será gratificante. *Por quê?*, você pode estar se perguntando. *Você acabou de falar à beça sobre como ajudar torna as pessoas mais felizes.*

É verdade que ajudar deixa as pessoas felizes, mas lembrá-las disso geralmente elimina a alegria em ajudar. Primeiro, passa a impressão de manipulação e controle, minando o senso de autonomia do ajudante. Segundo, é presumir demais. *Não me diga como vou me sentir, seu grande imbecil. Isso sou eu que decido.*

Não há problema em apontar os benefícios de ajudar se você conseguir ser um pouco mais sutil — digamos, fazendo declarações mais gerais ("Doar é uma forma de retribuir à comunidade") em vez de focar o ajudante especificamente. Mas cuidado para não exagerar e misturar motivos egoístas (benefícios próprios) com motivos altruístas (outros benefícios), porque isso torna a manipulação particularmente perceptível.[1]

Por exemplo, em um estudo, pouco menos de mil ex-alunos que nunca haviam doado para a faculdade foram contatados por arrecadadores de fundos via e-mail. Havia três versões do pedido: (1) egoísta: "Ex-alunos relatam que doar os faz sentir bem"; (2) altruísta: "Doar é sua chance de fazer a diferença na vida de alunos, professores e funcionários"; e (3) um pedido que combinava ambas versões. Os pesquisadores descobriram que tanto os apelos pessoais diretos quanto os genéricos foram igualmente eficazes, mas o pedido que combinava as duas versões reduziu as taxas de doação pela metade.

Retratar a Ajuda como um Favor Pequeno e Insignificante

Porque pedir ajuda nos deixa tão desconfortáveis e porque realmente esperamos que as pessoas digam não, uma tática comum é retratar a ajuda de que precisamos como um favor pequeno, insignificante, quase invisível, bastante irrisório, praticamente imperceptível. Podemos enfatizar como não será inconveniente nos ajudar, por exemplo: "Você pode deixar esses contratos na casa do cliente? É praticamente no caminho da sua casa." Ou podemos destacar o pouco tempo que o ajudante levará para nos ajudar: "Você pode adicionar essas atualizações no banco de dados? Não vai levar mais de cinco minutos." O problema é que, ao minimizar nosso pedido, também minimizamos o valor da ajuda e, assim, minimizamos qualquer sentimento caloroso que o ato de nos ajudar possa ter gerado.

Há também um risco significativo de calcularmos mal o tamanho do favor que estamos pedindo, ainda mais se a pessoa a quem pedimos ajuda faz um trabalho que não entendemos totalmente.

De vez em quando, minha editora recebe um e-mail de um velho amigo pedindo que ela dê uma olhada em algo que ele está escrevendo no momento. Geralmente é formulado como uma tarefa simples, por exemplo: "Acho que está bem limpo; talvez apenas dar uma revisada rápida? Não deve demorar muito!" Quando ela abre o anexo, o item é invariavelmente um artigo acadêmico de 6 mil palavras. E certa vez era uma monografia completa. Sim, um livro inteiro.

O problema é que não acho que esse solicitante seja egoísta. Apenas sem noção. Ele realmente não tem ideia das horas (e horas) de trabalho que a tarefa exigirá. Não entendendo o trabalho da outra pessoa, ele não sabe quanto um revisor freelancer ganharia para fazer isso. Na verdade o que ele está fazendo, inadvertidamente, é transmitir que acha que o trabalho dela é fácil, rápido, trivial e não muito cansativo. E essa não é a melhor maneira de conseguir a ajuda dela.

É provável que você também trabalhe com pessoas de cujo trabalho você não entende nada. O departamento de TI, RH, compliance, vendas, marketing — pessoas nessas funções quase sempre estão sujeitas a queixas murmuradas sobre como são rígidas e lentas, ou como são desorganizadas e esbanjadoras. "O que eles fazem o dia todo?" é uma reclamação comum. O que, de fato? Se você não sabe, não presuma que não levará muito tempo.

Lembrar as Pessoas que Elas Lhe Devem Uma

"Lembra quando assumi aquele seu cliente superdifícil?"

"Lembra a vez que tomei conta do seu filho, que não parava de gritar?"

"Lembra como você sempre esquecia a chave de casa e eu tinha que voltar para casa e deixar você entrar?"

Já que sabemos como funciona a reciprocidade (Capítulo 4) e porque pedir ajuda nos faz sentir fracos e desconfortáveis, às vezes podemos ser tentados a lembrar as pessoas de que estamos pedindo ajuda do mesmo jeito que as ajudamos no passado. Isso também gera muito constrangimento.

Por exemplo, quando minha editora recebeu aquela monografia no e-mail, ela desejou recusar. Ela queria *muito* dizer não. Ela não mantinha contato com esse velho amigo e tinha muitas outras maneiras de passar o fim de semana em mente. Mas, por todas as razões pelas quais dizer não é realmente doloroso, ela sentiu que não poderia negar — não completamente. Então escreveu de volta, explicando educadamente que ele estava pedindo cerca de quarenta horas de trabalho e perguntou se havia um capítulo que o preocupasse particularmente. Quando respondeu, ele a lembrou de que havia revisado sua redação quando ela era colunista de esportes. Em teoria, isso pode fazer sentido — ele *havia* feito um favor a ela e eles eram velhos amigos, então faria sentido que ela fizesse um favor a ele, certo?

Nem tanto. Embora a reciprocidade torne as pessoas mais propensas a dizer sim aos nossos pedidos de ajuda, também pode nos fazer sentir controlados, o que, você deve lembrar, tira toda a graça de ajudar. A reciprocidade funciona melhor quando os atos de ajuda são mais ou menos *equivalentes* — o que não acontece entre a revisão de algumas colunas esportivas de quinhentas palavras e a revisão de um tratado histórico de 50 mil palavras. Eles também devem estar *temporalmente próximos*; a menos que alguém tenha lhe feito um favor realmente grande, como, digamos, salvar sua vida, as pessoas não sentirão que devem nada daqui a dez anos. E esses atos devem explorar um dos tipos específicos de reciprocidade que os psicólogos identificaram: pessoal, relacional ou coletivo.

Por exemplo, minha editora fica feliz em revisar artigos para a vizinha, uma carpinteira que também escreve artigos de instruções para revistas de bricolagem, porque ela a ajudou em projetos domésticos em diversas ocasiões. Esse é um exemplo de reciprocidade pessoal em ação: a troca é bastante clara. Ela também fica feliz em revisar os artigos do marido sobre pesca com mosca (reciprocidade relacional) e a redação de inscrição para a pós-graduação do namorado da prima, embora ela não o conheça muito bem (reciprocidade coletiva).

O ponto principal da reciprocidade é o seguinte: se você tiver que lembrar alguém de que essa pessoa lhe deve uma, é provável que ela não sinta que deve nada. *Lembrar* a outra pessoa de que ela lhe deve um favor faz com que essa pessoa sinta que você está tentando controlá-la (o que, vamos ser honestos, de certa forma você está) e provoca o que Adam Grant chama de comportamento "correspondente" — não é particularmente generoso e não gera bons sentimentos. É como sair para comer pizza com um amigo, apenas para ouvir que você deve pagar mais porque comeu duas fatias extras.

Isso faz com que a outra pessoa sinta que você mantém um placar, e esse tipo de registro é bem ruim em relacionamentos.

Falando sobre o Quanto a Ajuda Beneficiará Você

Você não foi criado com os lobos (provavelmente). Sabe que precisa expressar gratidão e apreço pela ajuda de outras pessoas. No entanto, as pessoas costumam cometer um erro crítico ao expressar gratidão: concentram-se em como *elas* se sentem — como estão felizes, como se beneficiaram com a ajuda — em vez de se concentrar no *benfeitor*.

As pesquisadoras Sara Algoe, Laura Kurtz e Nicole Hilaire, da Universidade da Carolina do Norte, distinguiram dois tipos de expressões de gratidão: o *elogio ao outro*, que envolve reconhecer e validar o caráter ou as habilidades do doador (ou seja, sua identidade positiva); e o *benefício próprio*, que descreve como o receptor fica melhor por ter recebido ajuda. Em um de seus estudos, elas observaram casais expressando gratidão um ao outro por algo que seu parceiro havia feito recentemente por eles.[2] Suas expressões foram então codificadas de acordo com o grau em que estavam elogiando o outro ou focando o benefício próprio. Exemplos das expressões incluem:

Elogiar o outro

Isso mostra quão responsável você é...

Você faz de tudo...

Sinto que você é muito bom nisso.

Focar o benefício próprio

Isso me ajudou a relaxar.

Pude me gabar no trabalho por causa disso.

Isso me fez feliz.

Enfim, os benfeitores avaliaram quão receptiva sentiram a pessoa agradecida, e quão felizes e amorosos eles se sentiram em relação ao parceiro. As pesquisadoras descobriram que a gratidão por elogiar o outro estava fortemente relacionada às percepções de capacidade de resposta, emoção positiva e amor, mas a gratidão pelo benefício próprio *não*.

Vale a pena pensar um pouco sobre isso, porque a maioria das pessoas entende a gratidão de forma totalmente errada. Os seres humanos são, na maioria das vezes, um pouco egocêntricos por natureza. Tendemos a nos focar, mesmo quando deveríamos estar pensando e falando sobre os outros. Então, naturalmente, quando recebemos ajuda e suporte de alta qualidade, queremos falar sobre como *nos* sentimos. Além disso, para ser justa, presumimos que é isso que o ajudante quer ouvir — supomos que ele está ajudando para *nos fazer felizes*, então deve querer ouvir como estamos felizes.

Mas essa suposição não está certa. Sim, seu ajudante quer que você fique feliz, sem dúvida, mas a motivação para ser útil está intimamente ligada à identidade e à autoestima do ajudante. Ajudamos porque queremos ser boas pessoas — viver de acordo com nossos objetivos e valores e, reconhecidamente, ser admirados. Os ajudantes querem se ver positivamente, o que é difícil quando você não para de falar sobre si mesmo.

Qualquer Pedido Estranho Pode Ser Feito de Forma Não Estranha

Existem três maneiras de pedir ajuda que evitam que as pessoas se sintam controladas e que lhes permitem experimentar a euforia natural de ajudar. Esses três reforços criam o desejo de querer ajudar o outro; você pode usá-los em pedidos específicos e pode aprender a enfatizá-los para criar uma cultura de ajuda. Os próximos capítulos se concentrarão em cada um deles.

O primeiro reforço é o que os psicólogos chamam de forte senso *de grupo*. Em outras palavras, a crença de que a pessoa necessitada está no seu time — é parte de um grupo importante para você. Isso vai além da mera reciprocidade coletiva; ajudamos as pessoas do nosso grupo porque nos *importamos* com o que acontece com o grupo. Porque nossa própria felicidade e bem-estar são afetados pela felicidade e bem-estar do grupo. As pessoas arriscam suas vidas de forma rotineira (e voluntária) por familiares, colegas soldados, policiais ou bombeiros por causa da força dos laços de grupo. Ajudar a criar (ou destacar) o status de grupo de uma pessoa necessitada leva de forma confiável a um desejo genuíno de ajudar.

O segundo reforço é a oportunidade de *identidade positiva*. Em outras palavras, quando ajudar você *faz eu me sentir bem comigo mesmo*. Principalmente quando me permite ver a mim mesmo como detentor de um atributo positivo ou desempenhando um papel admirado. Por exemplo, as pessoas ajudam mais quando refletem sobre por que é importante para elas "ser um *benfeitor* para os outros". Quando uma identidade positiva — como ser um benfeitor — é destacada, as pessoas ficam mais propensas a agir de acordo com ela. Por exemplo, isso aumentou em cerca de 30% o número de ligações por hora feitas por arrecadadores de fundos voluntários. Em outro exemplo, voluntários que refletiram sobre serem benfeitores aumentaram suas taxas de arrecadação de ajuda humanitária por meio da Cruz Vermelha Americana de 21% para 46%.

O último reforço — e o mais poderoso dos três — é a oportunidade de ver a própria *eficácia*. Em outras palavras, as pessoas querem ver ou saber o impacto da ajuda que deram ou darão. Elas querem vê-la funcionar. Na verdade, isso não se deve ao ego. E, sim, a algo que alguns psicólogos argumentam ser *a* motivação humana fundamental: sentir-se eficaz. Para saber que suas ações criam os resultados pretendidos. Para, em essência, moldar o mundo ao seu redor. Na ausência de feedback — quando não temos ideia de quais foram as consequências de nossas ações — a motivação desmorona. E isso é especialmente verdadeiro quando se trata de ajudar.

Esses três reforços determinam se o desejo de ajudar surgirá intrinsecamente ou não em seu ajudante. Sem eles, ainda *é possível* conseguir a ajuda, mas os benefícios serão apenas seus. A ajuda recebida será mais limitada e, com o tempo, seu relacionamento com o ajudante pode sofrer.

Muitas vezes, o potencial para esses reforços já existe — o status de grupo, a chance de uma identidade positiva, uma maneira de verem a ajuda funcionando. Mas então estragamos tudo dizendo a coisa errada ao fazer um pedido ou sendo descuidados no acompanhamento. Na Parte Três, mostrarei como fornecer esses reforços essenciais aos ajudantes ao pedir ajuda.

Vale Lembrar

➤ Pedir ajuda é complicado porque não se trata apenas do que você diz e faz. É também sobre o que você *não* diz ou faz. Existem muitas maneiras de deixar as pessoas constrangidas quando você pede ajuda.

➤ Desculpar-se profusamente, explicar demais, minimizar a natureza do pedido e lembrar as pessoas de que elas devem um favor a você são maneiras comuns que alienam inadvertidamente as pessoas para quem você pede ajuda. Mesmo falar muito sobre o quanto você apreciaria a ajuda de alguém pode sair pela culatra. Acaba tornando tudo sobre você.

➤ Ao pedir ajuda, concentre-se no que reforça o comportamento útil: a sensação de fazer parte de um propósito compartilhado, um senso positivo de identidade e a capacidade de ver a eficácia da ajuda de alguém em ação.

Parte Três

Criando uma
Cultura de Ajuda

Capítulo 7

O Reforço em Grupo

O cérebro humano é social por natureza. Ele evoluiu para transitar com sucesso em um mundo habitado por predadores e presas, mas, mais importante, por *outros humanos*. Consequentemente, prestamos mais atenção a informações sobre outras pessoas do que sobre qualquer outra coisa e processamos essas informações usando um conjunto distinto de redes cerebrais.

Existe até uma região do lobo temporal do cérebro dedicada especificamente a reconhecer rostos de pessoas, mas não há regiões especializadas para reconhecer tipos de cachorros, frutas ou automóveis. (Aliás, danifique essa parte do lobo temporal e você pode sofrer de prosopagnosia, ou "cegueira facial", um distúrbio frustrante que o torna incapaz de reconhecer alguém apenas pelo rosto. Pessoas com prosopagnosia geralmente são forçadas a usar pistas secundárias, como a voz, o andar ou até mesmo a cor do cabelo de alguém para identificá-los. Mas estou divagando.)

Por que tanto tempo e energia do cérebro são gastos com outras pessoas? Os seres humanos estão profundamente sintonizados com sinais de pertencimento (como discutimos no Capítulo 1), porque fazer parte de um grupo de outros humanos é, e sempre foi, essencial para nossa sobrevivência. Mais do que isso, porém, como mostraram cerca de cinquenta anos de pesquisa em psicologia social, a associação a um grupo é um componente essencial de nossa identidade. Contribui em grande parte para o senso de quem somos e o que somos.

Em última análise, entender a associação a um grupo e quando e por que vemos outras pessoas como membros do nosso grupo (ou não) é essencial, porque é um dos melhores indicadores de quem provavelmente o ajudará ou não. Seres humanos são programados para ajudar a própria tribo. Está em nosso DNA, pois isso ajudou a manter esses macacos magros e sem pelos vivos e prosperando durante os milhões de anos em que existimos sem armas, hospitais ou serviços de emergência.

A preferência por ajudar outros em nosso grupo surge na primeira infância. Estudos mostram que crianças em idade pré-escolar compartilham mais com amigos, e crianças de até 5 anos consideram mais favorável (e mais satisfatório emocionalmente) ajudar membros da família a estranhos. Crianças são ainda mais propensas a ajudar outros alunos da própria escola, da própria comunidade e da própria etnia.[1] Claro, essas tendências continuam na idade adulta, já que as pessoas geralmente preferem ajudar membros das próprias comunidades, incluindo as faculdades que frequentaram.[2]

Essa preferência pelo próprio grupo pode levar a todo tipo de injustiça e preconceito em sistemas supostamente meritocráticos. Mas uma vez que você entenda como a psicologia de grupos funciona, pode neutralizar os aspectos injustos e aprender a enfatizar estrategicamente certos grupos em detrimento de outros. Isso torna os grupos compartilhados com outras pessoas o que os psicólogos chamam de "salientes" (isto é, relevantes e perceptíveis), de modo que essas pessoas têm mais chances de ajudá-lo. Como gerente, você pode usar técnicas simples para fazer sua equipe se sentir como um grupo de verdade, para que seus funcionários sintam uma sensação natural de ajuda mútua. (E não serão necessários exercícios de confiança.)

Você Parece um _____

Nos Estados Unidos, a primeira pergunta que um estranho fará a você em uma festa é: "Então, o que você faz?" Mas bem antes de ouvi-lo falar essas palavras, o cérebro desse estranho fez — e respondeu — uma pergunta diferente sobre você: *a que grupos você pertence?* Parte de nosso processamento inicial de informações sobre outra pessoa envolve categorizá-la imediata e automaticamente — em grande parte em um processo inconsciente — em categorias sociais (por exemplo, homem, hispânico, advogado etc.).

As categorias sociais, ou grupos, aos quais pertencemos podem ser algo que escolhemos ou algo em que nascemos. São criados em torno de características, comportamentos ou crenças comuns. E os grupos nos quais o cérebro categoriza você geralmente são socialmente significativos, como etnia, gênero, nacionalidade, idade, partido político, ocupação e assim por diante.

Cidadãos idosos são um grupo. Assim como vendedores de carros, budistas, mulheres, lésbicas, conservadores, nudistas e donas de casa. Saber que uma pessoa pertence a um desses grupos diz algo sobre o que o grupo tem em comum, embora provavelmente diga muito menos do que você (pelo menos inconscientemente) supõe. Retomarei esse ponto em breve.

Ter qualquer coisa em comum com outra pessoa, no entanto, não necessariamente faz você ser parte de um grupo. Se por acaso eu estiver andando pela mesma loja de departamentos que você, isso não significa muito. Tendemos a categorizar as pessoas em grupos de acordo com atributos mais significativos, aqueles que acreditamos nos dizer algo sobre quem são e o que provavelmente irão pensar, sentir e fazer.

Em última análise, a razão pela qual fazemos isso é muito prática. Classificar — não apenas pessoas, mas todo tipo de coisas — em categorias é essencial para os seres humanos se locomoverem com sucesso no mundo. Imagine se toda vez que você encontrasse um novo objeto ou pessoa, você *literalmente não tivesse ideia* do que era ou como interagir com ele. Você entraria em uma sala e veria um monte de objetos com quatro pernas conectados por um pedaço quadrado de algum material, com outro pedaço quadrado preso a esse em um ângulo de noventa graus e não tivesse a categoria "cadeira" para classificá-los, você não saberia se esses objetos são para sentar, escalar ou comer.

Mas assim que identifico esse objeto como uma "cadeira", sei imediatamente para que serve e o que esperar dela. O mesmo vale para categorias como semáforo, pão e urso-polar. Elas preenchem os espaços em branco para nós, permitindo-nos saber algo sobre coisas que nunca encontramos antes e orientando nosso comportamento em relação a elas. Pode ser a primeira vez que encontro esse urso-polar *em particular*, mas, munido do conhecimento da categoria a que ele pertence, sei que não devo tentar acariciá-lo.

A adesão a um grupo é uma categoria de pessoas e, assim como o urso-polar, saber que você é um policial, uma avó ou um criminoso fugitivo me diz algo sobre o que posso (provavelmente) esperar de você e como devo (provavelmente) interagir com você. Posso estar errada, mas pelo menos não estou apenas adivinhando a esmo. É por isso que categorizar pessoas em grupos é algo que o cérebro evoluiu para fazer automaticamente e sem esforço, muitas vezes abaixo de nossa percepção consciente.

Extraímos informações sobre os grupos aos quais os outros pertencem não apenas por pistas físicas, como cor da pele ou uniforme, mas também por outros aspectos que podem sinalizar a participação em grupos, como nomes. Isso é particularmente problemático quando se trata de contratação, pois os examinadores podem ser sutilmente influenciados pelo nome no currículo em vez de se concentrar exclusivamente nas habilidades e experiência do candidato. Por exemplo, um estudo mostrou que empregadores eram 50% mais propensos a convidar "Kristen Jones" para uma entrevista depois de ler seu currículo do que "LaToya Jones", mesmo quando os dois currículos eram *idênticos*, por causa dos grupos raciais que presumiam de cada candidata.[3]

O que nos leva à desvantagem muito óbvia de categorizar as pessoas em grupos. Seres humanos, muitas vezes — quase sempre inconscientemente —, se valem de estereótipos (positivos *e* negativos) de grupos para fazer julgamentos sobre membros individuais. O que seria bom se (1) os estereótipos fossem sempre precisos e (2) cada membro do grupo fosse exatamente como todos os outros membros. E como é dolorosamente óbvio que ambas as afirmações não são verdadeiras, tiramos conclusões erradas sobre os outros, especialmente aqueles que acabamos de conhecer, com bastante regularidade.

Além disso, se alguém que você acaba de conhecer o vê como pertencente a um grupo diferente, do qual ele não faz parte, então você pode estar em apuros. Pessoas de fora do grupo são julgadas de forma mais negativa e confiamos em estereótipos e generalizações para entendê-las muito mais do que os membros do nosso próprio grupo.

Você Está Dentro ou Fora?

Fazer parte do grupo de outra pessoa pode ser uma coisa muito boa. Como mencionei, historicamente tem sido essencial para nossa sobrevivência. Perambular sozinho pelo deserto não é uma boa ideia para uma criatura relativamente sem pelos e magra, sem presas ou garras para se defender. Até as pessoas em *Largados e Pelados* têm um parceiro, não é? Mas os benefícios de pertencer a um grupo vão muito além de não ser comido por lobos. Eles nos dão uma sensação de pertencimento e conexão. Os membros do grupo ajudam a nos sentir compreendidos e apreciados, porque por vezes partilhamos os mesmos desafios e frustrações. Eles nos proporcionam uma sensação de segurança, tanto física quanto psicológica. E, claro, ao trabalharmos juntos, eles nos permitem alcançar coisas que não conseguiríamos sozinhos.

Os grupos também nos dão mais motivos para comemorar. Podemos nos deleitar com o brilho refletido das conquistas de nossos companheiros de grupo, mesmo quando tecnicamente não são nossas. (Por exemplo quando ouvimos torcedores de futebol de meia-idade e com excesso de peso dizerem coisas como: "*Nós* jogamos muito bem ontem à noite", esse é o tipo de brilho refletido de que estou falando.)

Claro, os grupos também trazem consigo o potencial de tensão *entre* eles, além de preconceito e discriminação contra membros de outros grupos. Aqui estão alguns exemplos do que os pesquisadores descobriram em mais de cinquenta anos estudando como as pessoas percebem pessoas de fora do grupo:

> **Esse tipo de gente.** As pessoas são mais propensas a ver os membros do próprio grupo como indivíduos únicos, enquanto pintam quem é de outros grupos com um pincel

mais amplo, confiando em generalizações e estereótipos que sugerem que são todos iguais.

Laranjas e maçãs. Embora diferenças entre os grupos certamente existam, elas costumam ser significativamente exageradas. Por exemplo, os estereótipos sobre homens e mulheres na maioria das culturas superestimam demais as diferenças reais entre os grupos em dimensões como assertividade ou loquacidade.[4] Essa coisa de "homens são de Marte, mulheres são de Vênus" é um disparate. Somos todos da Terra e nossas semelhanças superam em muito nossas diferenças.

Todos os ruivos são esquentadinhos. Quando um membro do seu grupo se envolve em alguma atividade incomum — digamos, entrar em uma briga de bar bêbado, ou roubar um posto de gasolina, ou se acorrentar a uma árvore para protestar contra o desmatamento —, você provavelmente não diria para si mesmo: "Sim, acho que somos todos assim." Mas quando um membro de outro grupo faz isso, bem, é uma história diferente. Tendemos, então, a ser vítimas de algo que os psicólogos chamam de *correlação ilusória* — ver uma relação entre duas coisas (por exemplo, o grupo ao qual alguém pertence e suas brigas de bar bêbado) quando, na verdade, não estão relacionadas.

Bem, isto é constrangedor. As interações com pessoas de fora do seu grupo são mais estimulantes e provocam mais ansiedade e outras emoções negativas. Mesmo antecipar tal interação pode criar essas respostas emocionais. Implicitamente, nos sentimos menos à vontade com membros de outros grupos do que com nossa própria tribo de semelhantes. Explicitamente, podemos nos preocupar que a interação seja constrangedora ou desagradável. O que, ironicamente, tende a levar a uma espécie de profecia autorrealizável. Se eu espero que você, como um membro de outro grupo, se comporte com hostilidade em relação a mim, então é provável que eu (inconscientemente) me prepare para essa hostilidade e, ao fazê-lo, me comporte de maneira que realmente provoque hostilidade ou, no mínimo, desconforto significativo para nós dois.

Todos os efeitos que acabei de descrever podem, em teoria, ser mitigados quando as pessoas abordam as interações com uma intenção forte e consciente de evitar o preconceito com outros grupos e percebê-los de maneira justa e precisa. Mas fazer isso exige um esforço cognitivo significativo. O que significa que esses efeitos são todos exacerbados quando o observador está sob qualquer tipo de pressão, de tempo, carga cognitiva por estar com a cabeça cheia ou experimentar emoções fortes como medo ou frustração que interferem no processo mental. Pense na última vez em que você não experimentou *nenhuma* dessas três coisas. ("Quando eu estava dormindo" não conta.) E agora, acho, você entende o problema.

Curiosamente, enquanto outros primatas mostram comportamento pró-social baseado em grupos, os humanos são únicos porque esses efeitos se estendem a membros anônimos do grupo — em outras palavras, a estranhos.[5] Claro, grupos socialmente significativos, criados por metas ou experiências compartilhadas, ou semelhanças significativas, formam a base para o sentido mais forte de grupo. Mas os humanos, ao contrário de chimpanzés ou gorilas, parecem estar dispostos a aceitar uma visão muito mais ampla do que constitui a justificativa para você ser "um de nós", às vezes a ponto de chegar à tolice.

Alguns dos estudos mais conhecidos e citados em psicologia são aqueles que Henri Tajfel, inventor do *paradigma do grupo mínimo*, realizou nas décadas de 1960 e 1970. A ideia de um "grupo mínimo" é exatamente o que parece: qual é o mínimo que você precisa fazer para incutir nas pessoas a sensação de que fazem parte de um grupo específico? A resposta é: não muito. Tajfel e seus colegas conseguiram criar grupos funcionais fazendo coisas como:

- Pedindo às pessoas que adivinhassem o número de pontos em uma tela. Então, diziam aleatoriamente a alguns que eles eram "superestimadores" e a outros que eram "subestimadores".

- Mostrando pinturas abstratas a pessoas e pedindo que as avaliassem. Diziam aleatoriamente a algumas que, com base em suas respostas, elas eram fãs do artista Paul Klee. Diziam a outras que elas preferiam Wassily Kandinsky. (A maioria dos participantes nunca tinha ouvido falar de nenhum dos artistas.)

Os grupos que ele criou não tinham história ou objetivos compartilhados. Tudo o que tinham em comum eram traços de personalidade ou preferências relativamente sem sentido. Mas, apesar disso, os estudos de Tajfel mostraram que os participantes, quando tiveram a oportunidade, alocaram de forma confiável mais recompensas, como dinheiro ou doces, para quem era do mesmo grupo. O desejo de ajudar os nossos é forte e pode se revelar nos lugares mais improváveis.[6]

Mas *por que* nos esforçamos para ajudar o grupo? Como mencionei antes, há claras pressões evolutivas aqui. As chances de sobrevivência humana aumentam quando o desejo de ajudar os membros de nossa tribo está embutido em nosso código-fonte. Os grupos prosperam quando os membros individuais evitam o que é melhor para eles pessoalmente e se concentram em cuidar do grupo em momentos de necessidade.[7] Mas é só isso que acontece?

Quase certamente não. Porque, como mencionei anteriormente, a associação a um grupo constitui uma parte significativa de nossa identidade — de quem pensamos que somos. E a identidade é uma coisa muito importante. (Mais sobre isso no próximo capítulo.) A pesquisa sugere que ajudar outros membros do grupo é inerentemente satisfatório porque somos motivados a sustentar o grupo para proteger e aprimorar nossas próprias identidades (por exemplo, quando mulheres ajudam outras a fim de promover o avanço das mulheres como um grupo na sociedade).

Por exemplo, os psicólogos Leor Hackel, Jamil Zaki e Jay Van Bavel usaram fMRI (ou ressonância magnética funcional) para estudar as respostas cerebrais quando participantes observaram que pessoas do próprio grupo e de fora ganhavam dinheiro. Antes do início do experimento, eles pediram aos participantes que indicassem o quanto "investiam" em seu grupo — neste caso, colegas da Universidade de Nova York. Especificamente, perguntaram aos participantes se ser um aluno da NYU era "uma parte importante da minha identidade" e até que ponto eles se sentiam "semelhantes" a outros alunos da NYU. (Os alunos de fora do grupo eram da Universidade Columbia, também localizada na cidade de Nova York.)

Os pesquisadores descobriram que a força da identificação dos alunos com a NYU previu diretamente a intensidade das respostas cerebrais no estriado ventral e no córtex pré-frontal medial — duas áreas associadas ao processamento de experiências de recompensa — quando membros do grupo ganharam dinheiro. Mesmo que eles próprios não estivessem ganhando nada, o cérebro literalmente registrava isso como uma vitória. Mas eles não observaram tal efeito quando era com pessoas de fora do grupo. Assistir aos alunos da Universidade Columbia ganhando dinheiro não mudou nada para eles.[8]

Podemos ver esses mesmos efeitos na vida real, quando analisamos o comportamento pró-social no local de trabalho. Estudos mostram que os funcionários ajudam mais no trabalho quando têm um forte senso de pertencimento e conexão com seus colegas.[9]

Indo de Fora para Dentro

Não é de admirar que o mundo às vezes pareça estar em um estado tão lamentável. O preconceito com outros grupos pode levar a uma série de imprecisões na forma como percebemos uns aos outros, criando animosidade desnecessária e nos afastando cada vez mais.

Mas a participação em grupos não é apenas uma fonte de discriminação contra pessoas de fora do grupo. Pode, nas circunstâncias certas, ser um meio de preencher as lacunas que nos dividem.

Um experimento frequentemente replicado pede a indivíduos que identifiquem palavras como positivas (por exemplo, cachorro, flor, luz do sol) ou negativas (por exemplo, vômito, lixo, sofrimento) o mais rápido possível quando aparecem na tela do computador. Antes de cada palavra aparecer, um rosto pisca na tela por uma fração de segundo. Os participantes brancos são mais rápidos na identificação correta de palavras positivas quando estas aparecem depois de rostos do mesmo grupo (brancos) e mais lentos quando são pareadas com rostos de outro grupo (negros).

Deprimente, não é? Mas os psicólogos Jay Van Bavel e Will Cunningham, da Universidade Estadual de Ohio, realizaram esse experimento novamente, desta vez com uma diferença importante. Antes de realizar a tarefa de categorização de palavras, os pesquisadores mostraram aos participantes um grupo de fotografias sobre uma mesa, divididas em dois grupos. Cada grupo era composto de rostos brancos e negros — os mesmos rostos que eles veriam mais tarde na tarefa do computador. Então, disseram aos participantes que um dos grupos era formado por membros da *mesma* equipe — pessoas com quem trabalhariam em uma tarefa posterior — e que o outro grupo de rostos era o time *adversário*. Depois de olhar brevemente para as fotos, os participantes passaram a identificar as palavras como positivas ou negativas quando emparelhadas com os rostos.

Os resultados foram um tanto surpreendentes. O efeito da raça praticamente desapareceu e, em vez disso, os participantes foram mais rápidos em identificar palavras como positivas quando pareadas com os rostos dos membros de sua equipe — *independentemente da raça* — e mais lentos quando apareciam depois do rosto de membros da equipe adversária.[10]

Em outras palavras, a raça é uma das muitas maneiras pelas quais nossos cérebros podem categorizar pessoas. Mas podemos enfatizar outras categorias — como estar no mesmo time ou trabalhar juntos para o mesmo objetivo — e fazer o cérebro passar a usar *isso* como base para concluir quem está dentro e quem está fora.

Você provavelmente não precisa de seus colegas para ajudá-lo a categorizar um monte de fotografias sem sentido. Mas você precisa deles para ajudá-lo a fazer alguma coisa. Como é possível usar a pesquisa em psicologia de grupo para promover o comportamento de ajuda nos outros?

Use a Palavra "Juntos"

Sei que isso soa inacreditavelmente cafona. Mas uma nova pesquisa de Priyanka Carr e Greg Walton, da Universidade Stanford, mostra que simplesmente dizer a palavra "juntos" pode ter efeitos motivacionais poderosos. Nos estudos de Carr e Walton, os participantes se reuniam em pequenos grupos e depois se separavam para trabalhar sozinhos em quebra-cabeças difíceis. Participantes na categoria *psicologicamente juntos* foram informados de que trabalhariam juntos nas tarefas, mesmo que estivessem em salas separadas, e escreveriam ou receberiam uma dica de um membro da equipe para ajudá-los a resolver o quebra-cabeça. Na categoria *psicologicamente sozinhos*, não havia menção a estarem juntos, e a dica que escreveriam ou receberiam viria dos pesquisadores. Todos os participantes estavam, de fato, trabalhando sozinhos nos quebra-cabeças. A única diferença era a sensação que poderia ser gerada ao saberem que estavam trabalhando juntos.[11]

Os efeitos dessa pequena manipulação foram profundos: participantes da categoria *psicologicamente juntos* trabalharam 48% mais, resolveram mais problemas corretamente e se lembraram melhor do que viram. Eles também disseram que se sentiram menos cansados e esgotados pela tarefa. Além disso, relataram achar o quebra-cabeça mais interessante por trabalharem *juntos* e persistiram por mais tempo por causa dessa motivação *intrínseca* (e não por um sentimento de obrigação para com a equipe, que seria uma motivação extrínseca).

A palavra "juntos" é uma poderosa sugestão social para o cérebro. Por si só, parece servir como uma espécie de recompensa de relacionamento, sinalizando que você pertence, que está conectado e que há pessoas em quem pode confiar trabalhando com você para o mesmo objetivo.

Destaque Metas Compartilhadas

Acontece que criar metas compartilhadas é uma das maneiras mais poderosas de criar um senso de grupo entre as pessoas, não importa a que outros grupos elas pertençam. Isso ocorre porque o cérebro é particularmente sensível ao fato de outras pessoas compartilharem ou não um objetivo claro com você e quando seu sucesso depende do sucesso delas. Assim, experimente iniciar seu pedido de ajuda mencionando explicitamente uma meta compartilhada por ambos.

Por exemplo:

> "Sanjay, sei que a sua equipe também está trabalhando em maneiras de expandir nossa base de clientes. Tenho um projeto em andamento agora com o mesmo objetivo em mente e realmente poderia usar sua experiência. Você estaria disposto a dar uma mão?"

> "Maria, sinto que você e eu estamos realmente preocupados com a maneira como o programa _____ está sendo executado. E sei que você está tão comprometida com o sucesso quanto eu. Eu realmente poderia usar sua ajuda com algo que acho que melhorará significativamente o programa. Você poderia me ajudar?"

Experimente usar o mesmo princípio para promover a ajuda entre toda a sua equipe ou organização. É uma das razões pelas quais as pessoas gostam de buscar metas claras e ambiciosas. Quando sabem que a meta é aumentar as vendas em 20%, lançar algum novo produto até 1º de setembro ou inventar um *widget* que superará qualquer outro, todos se unem. Todos se ajudam.

Encontre um Inimigo Comum (Fora do Grupo)

Nada une as pessoas mais do que a antipatia mútua por um terceiro. E, assim como destacar metas compartilhadas pode ser uma maneira de destacar seu status no grupo, lembrar alguém de um inimigo ou concorrente comum contra o qual você está trabalhando também pode ser uma opção. Essa é (ou, pelo menos, parece ser) uma estratégia particularmente popular em campanhas políticas. Se não me falha a memória, vi poucos anúncios durante as eleições presidenciais de 2016 nos Estados Unidos que realmente focavam os méritos dos candidatos. Em vez disso, concentraram-se principalmente em por que, se eleito, o candidato adversário faria dos Estados Unidos um inferno. Criar um forte senso de grupo destacando uma ameaça ou inimigo compartilhado é, talvez infelizmente, uma maneira muito eficaz de mobilizar pessoas. E você também pode usar essa estratégia em seus pedidos diários de ajuda.

Por exemplo:

> "Zana, estou trabalhando em algo que acho que vai ser um golpe pesado no nosso principal concorrente, a Empresa X. Posso pedir que você dê uma olhada e talvez me empreste um pouco da sua experiência?"

"James, sei que nenhum de nós quer ver Stephen promovido a chefe de vendas. Vou jogar meu nome na roda aqui. Posso contar com o seu apoio?"

Você também pode usar essa técnica como gerente. Mas é complicado se não quiser fomentar o partidarismo em sua organização. É melhor transformar o inimigo em uma empresa rival do que em uma unidade rival da mesma empresa.

Fale sobre Experiências e Sentimentos Compartilhados, Não Características Objetivas

Destacar o que vocês têm em comum é outra maneira poderosa de criar um senso marcante de grupo com a outra pessoa. Mas o que vocês têm em comum (e como falam sobre isso) também importa. Existem dois tipos de semelhanças que os psicólogos estudaram. A primeira acontece quando você se concentra nas *experiências* em comum — seus *sentimentos* e percepções subjetivas sobre uma situação, acontecimento ou assunto específico. Por exemplo: "Você já olhou para o horizonte da cidade e ficou maravilhado com a beleza? Eu sinto isso o tempo todo." Ou: "Nós dois sabemos como é sentir que nossas vozes não são ouvidas nesta equipe".

A outra, em contraste, é focar as características objetivas que ambos têm em comum — a mesma alma mater, hobby ou cor de cabelo. "Fui para Harvard; você também, não é?" ou "Acabei de perceber que nós dois gostamos de rafting!".

As duas maneiras às vezes andam juntas. Por exemplo, se houver apenas duas mulheres em uma equipe de gerenciamento sênior, essa é uma característica de objetivo compartilhado. Elas podem não ter mais nada em comum. Mas talvez tenham. Uma pode criar um vínculo com a outra dizendo: "Somos as duas únicas mulheres na equipe. Você notou que somos interrompidas toda hora?" Essa é uma característica compartilhada seguida por uma experiência compartilhada.

Mas, geralmente, o poder de criar um senso realmente forte de grupo reside em encontrar percepções, pensamentos e sentimentos comuns, não traços compartilhados. Mesmo que as pessoas sejam tendenciosas em relação aos próprios grupos. Estudos mostram que falar sobre experiências compartilhadas aumenta nossa simpatia por estranhos. Faz com que as pessoas se sintam mais conectadas e serve para validar sua visão de mundo porque é compartilhada.

É por isso que as melhores experiências de construção de equipe não são com jogos de "duas verdades e uma mentira". Elas são focadas em construir experiências e sentimentos compartilhados. Como uma sensação de alegria mútua por andar juntos em uma montanha-russa ou uma sensação de horror mútuo por ter que cantar karaokê na frente de uma multidão (na verdade, adoro karaokê, mas reconheço que posso ser uma minoria).

Ao tentar usar o reforço ponderado em grupo para promover um senso de ajuda, comece com sentimentos e experiências compartilhadas. Você quer criar a sensação de que são companheiros de viagem na mesma jornada.

Vale Lembrar

- Compreender a participação no grupo e quando e por que vemos outras pessoas como membros do nosso grupo (ou não) é essencial porque é um dos melhores indicadores de quem irá — ou não — ajudar.

- A sensação de estar no mesmo grupo que outra pessoa reforça nosso desejo de ajudá-la. Essa preferência pelo nosso grupo pode levar a todo tipo de injustiça e preconceito em sistemas supostamente meritocráticos. Mas depois de entender como funciona a psicologia de grupo, você pode neutralizar os aspectos injustos.

- Podemos optar por enfatizar as categorias que queremos — como estar na mesma equipe ou trabalhar juntos para o mesmo objetivo — e fazer o cérebro usar *isso* como base para concluir quem está dentro e fora do nosso grupo.

Capítulo 8

O Reforço Positivo de Identidade

Qual personagem de Game of Thrones você é? A qual casa de Hogwarts você pertenceria? Você é introvertido ou extrovertido? Um otimista ou um realista? Faça este teste do Facebook...

As pessoas adoram aprender sobre si mesmas, como evidenciado pela popularidade dos testes de personalidade. Na superfície, isso pode parecer um exercício de puro egoísmo, tão produtivo quanto olhar para um espelho por horas a fio. Mas, como mostra a ciência, tentar realmente entender a si mesmo de forma completa e precisa — examinando seus próprios pensamentos, sentimentos e comportamentos — é uma das coisas mais práticas que você pode fazer.

A maioria das pessoas se vê (com ou sem razão) como útil, porque ser útil faz parte do que significa ser uma boa pessoa. Assim, a utilidade geralmente é um aspecto importante da identidade de uma pessoa típica. Além disso, ser uma pessoa prestativa é uma maneira particularmente poderosa de aumentar a autoestima, pelo menos em teoria. Existem, é claro, regras e limites envolvidos. Portanto, usar o potencial de identidade positiva como reforço, assim como o reforço em grupo, requer uma compreensão de como ele funciona.

Conhece a Ti Mesmo

Dois aspectos do autoconhecimento o influenciam dramaticamente (quer você perceba ou não). A primeira é a sua *identidade*, ou autoconceito. Em outras palavras, como você *pensa* que é — suas características, seus pontos fortes e fracos, suas atitudes e preferências. Você usa esse conhecimento, em grande parte de forma inconsciente, para fazer centenas de escolhas todos os dias. Você vai tentar essa promoção? O que vai fazer no seu próximo dia de folga? O que vai comer no café da manhã? Vai começar a assistir a *Stranger Things*? Seu senso de identidade orienta todas essas decisões. Portanto, saber como você é — e ser preciso sobre isso — é muito importante. Possibilita escolher o melhor caminho, aquele que leva ao máximo de felicidade e sucesso, porque combina com você.

O autoconhecimento vem de duas fontes primárias. A primeira é a autopercepção — literalmente, observar a si mesmo como faria com os outros. Você tira conclusões sobre si mesmo e suas competências, habilidades e traços de personalidade, observando seus próprios pensamentos e ações. É de se supor que isso levaria a uma avaliação altamente precisa. Afinal, quem sabe o que você pensa, sente e faz melhor do que *você*?

Infelizmente, a autopercepção é uma coisa complicada. Como muito do que impulsiona nosso comportamento não é totalmente consciente, nem sempre estamos cientes de tudo que está acontecendo em nossos cérebros. Assim, temos, na melhor das hipóteses, apenas uma visão parcial do "porquê" por trás do que fazemos. Além disso, a memória humana é imperfeita. O que conseguimos lembrar — e com que facilidade — pode ter um grande impacto nas conclusões que tiramos sobre nós mesmos.

Imagine que eu lhe peça para lembrar seis vezes em que você se comportou de forma assertiva. Não deve ser tão difícil, certo? Talvez na semana passada você tenha contestado um ponto de vista de um colega em uma reunião. E então, no outro dia, devolveu seu prato no restaurante porque a carne estava crua demais. *Isso é fácil*, você pensa. *Devo ser bastante assertivo.*

Agora imagine que em vez de seis casos, eu peça doze. Um pouco mais desafiador, não? Depois de sete ou oito, começa a ficar difícil lembrar, e você se esforça para encontrar mais exemplos. Não é surpresa, portanto, que as pessoas a quem se pede que se lembrem de seis vezes em que foram assertivas se classifiquem como significativamente *mais* assertivas do que aquelas a quem se pede doze.[1] Porque não importa quão assertivo seja, é difícil lembrar uma dúzia de casos específicos em que você se comportou dessa maneira. Então as pessoas pensam: *se eu realmente fosse assertivo, seria capaz de lembrar doze vezes... então acho que não devo ser.*

Outra maneira de nos conhecermos é por intermédio do olhar dos outros. Nosso primeiro senso de identidade vem diretamente de nossos cuidadores na infância. *Se mamãe acha que sou inteligente ou engraçado, então devo ser.* À medida que envelhecemos, olhamos para nossos pares, parceiros de relacionamento, colegas e conhecidos para obter informações sobre como somos.

Julgue a Si Mesmo

O segundo aspecto do autoconhecimento que molda seu mundo é como você se *sente* em relação à sua identidade. Você, de um modo geral, gosta de si mesmo? Acha que tem mais qualidades boas ou más? É habilidoso ou nem um pouco? Essas avaliações contribuem para a sua *autoestima*.

A autoestima é como um termômetro interno de identidade. Sobe e desce à medida que você recebe feedback do mundo ao redor — aumenta com sucessos e elogios e diminui com contratempos e críticas. Mas, para a maioria de nós, não são flutuações descontroladas. Assim como em Oslo ou na Cidade do México, a temperatura permanece dentro de uma certa faixa. Pessoas com alta autoestima tendem a não cair tanto, e pessoas com baixa autoestima não deixam de se odiar por muito tempo.

A autoestima é importante porque fornece uma informação-chave: *como estou me saindo?* Tenho o que é preciso para navegar pelo mundo — pessoal, social e profissionalmente — de forma a alcançar meus objetivos? A autoestima elevada diz: "Sim, você tem." Consequentemente, dá-lhe confiança e resiliência para superar os tempos difíceis. Pesquisas mostram que pessoas com autoestima elevada experimentam emoções mais positivas e menos negativas em geral. Elas se envolvem em estratégias de enfrentamento mais eficazes e persistem por mais tempo quando as coisas dão errado. Têm maior proteção psicológica contra eventos debilitantes da vida, como a perda de um emprego, relacionamento ou ente querido. E desfrutam de resultados de saúde superiores em todos os aspectos, incluindo uma recuperação mais rápida de doenças ou cirurgias.

Compreendendo a importância desses dois aspectos do autoconhecimento — ter uma visão precisa de quem você é e gostar de quem você é —, os psicólogos acabaram se dedicando à próxima pergunta lógica: o que é *mais* importante? Priorizar estar certo sobre si mesmo ou pensar bem a respeito de si mesmo?

Evidências sugerem que, apesar dos muitos esforços e malabarismos que as pessoas utilizam para ver a si mesmas sob uma luz positiva (falaremos mais sobre isso em breve), *conhecer a si mesmo* é, na verdade, a maior prioridade. Parece tão perturbador se deparar com a possibilidade de *não* se conhecer, ou de ter uma opinião errada sobre si mesmo, que reagimos de maneiras surpreendentes.

Veja, por exemplo, um famoso estudo liderado pelo psicólogo William Swann, da Universidade do Texas, em Austin.[2] Pesquisadores convidaram participantes universitários para o laboratório e mediram sua autoestima por meio de um questionário. Em seguida, pediram que escrevessem alguns parágrafos sobre si mesmos como parte de um teste de personalidade que seria avaliado por três outros estudantes universitários. Posteriormente, o pesquisador mostrou aos participantes as três avaliações (falsas) — uma positiva, outra negativa e uma relativamente neutra. Por fim, o pesquisador pediu aos participantes que avaliassem o quanto gostariam de conhecer cada um de seus examinadores.

Você poderia achar que todos gostariam de conhecer a pessoa que os avaliou favoravelmente, e estaria certo. Mas, como mostrou a pesquisa de Swann, isso ocorreu porque a maioria das pessoas *se via* de maneira favorável. Entre os participantes que tinham visões negativas, no entanto, a preferência foi predominantemente por conhecer a pessoa que os avaliou *negativamente*.

Quando estudos como esses foram publicados, muitos psicólogos foram céticos. Durante anos, acreditava-se que praticamente todo mundo gostaria de interagir com outras pessoas que elevassem sua autoestima, especialmente aqueles que não se sentiam muito bem consigo mesmos. Mas desde então ficou claro que o desejo de se ver positivamente, embora forte, é secundário ao desejo de se ver com precisão. Se eu acho que sou muito ruim, então qualquer pessoa que pense diferente tem o potencial de me causar grande desconforto. Suas opiniões minam a legitimidade da minha. Não, obrigada.

Você pode ter visto esse fenômeno em ação em si mesmo. Já fez um elogio sincero a um amigo ou parceiro romântico e a reação dele foi, literalmente, recuar? Ou até mesmo discutir com você?

Você: *Susan, você é uma ótima cozinheira.*

Susan: *Não, na verdade eu sou uma péssima cozinheira. Você está errado. Minha comida é tão ruim que pode matar.*

No momento, pode parecer inexplicável, ingrato e até doloroso. Mas essa é a intensidade do impulso para se conhecer com precisão. Se Susan se vê como uma péssima cozinheira — se essa é a história que ela conta a si mesma —, seu elogio pode ameaçá-la de maneiras que nem ela entende totalmente. E as pessoas que se sentem ameaçadas, mesmo implicitamente, se comportam mal.

Na Verdade, Eu Sou Ótimo

Dito isso, a grande maioria das pessoas gosta de elogios, porque em geral temos opiniões positivas sobre nós mesmos. Portanto, não há um conflito. Isso pode surpreendê-lo, pois certamente *conhece* pessoas que considera terríveis. Como conseguimos nos ver tão favoravelmente, apesar de nossas muitas falhas? Bem, a nós, humanos, não faltam maneiras inteligentes de realizar esse truque.

Mas pela Graça de Deus...

Primeiro, nos envolvemos em algo chamado comparação social descendente ou, como você deve ter ouvido: "Ei, pelo menos eu não sou aquele cara". Esses são os alunos que tiram 4 que se comparam aos que tiram 0, em vez de os que tiram 10. A pessoa em um casamento infeliz que se concentra na turbulência do divórcio de sua amiga e a divorciada que é grata por não estar mais entre os casados infelizes. Nós nos comparamos uns aos outros constantemente — muitas vezes não de forma totalmente consciente —, e essas comparações não são aleatórias. Elas são direcionadas, muitas vezes com o objetivo de encontrar algum pobre tolo que esteja em situação pior, para nos fazer sentir melhor.

Explique-se

Faça-me um favor. Reserve um momento para pensar sobre a última vez em que você ganhou algo — um momento em que se sentiu bem-sucedido. (Vou esperar.) Ok, agora, *por que* você acha que teve sucesso?

Em seguida, reserve um momento para pensar sobre a sua última derrota. Um momento em que se sentiu um fracasso. Fez isso? Por que você acha que sofreu essa derrota?

Agora, percebeu algo diferente sobre *como* você explicou seu sucesso e seu fracasso? Se você é como a maioria das pessoas com autoestima relativamente alta, provavelmente explicou seu sucesso em termos de suas competências e habilidades, mas explicou seu fracasso como resultado das circunstâncias. *Consegui aquele cliente grande por causa da minha persistência e pensamento criativo. Perdi aquele cliente grande porque meu chefe me sobrecarregou e não pude dedicar a eles o tempo de que precisavam.*

Os psicólogos chamam isso de diferença de atribuição ou de estilo explicativo, e aquilo a que atribuímos nossas vitórias e derrotas acaba por estar intimamente relacionado ao nosso senso de autoestima. É também um fator crítico para prever quem experimenta desamparo e depressão. Pessoas com o *estilo explicativo otimista* que leva a uma maior autoestima e maior resiliência tendem a atribuir seus sucessos a algo interno e estável sobre si mesmas — por exemplo, sua inteligência, criatividade, ética de trabalho e assim por diante. Em contrapartida, atribuem seus fracassos a algo mutável e circunstancial, dizendo coisas como: *não tive o apoio de que precisava, não apliquei a estratégia certa, as pessoas estão trabalhando contra mim.* (Ok, esse último é talvez mais paranoico do que qualquer outra coisa, mas você entendeu.)

Fuja!

Nunca subestime a capacidade humana de negação. Uma das estratégias mais comuns — e, em curto prazo, razoavelmente eficazes — para manter a autoestima elevada é simplesmente optar por ignorar as coisas ruins. A maioria de nós pode escolher onde focar nossa atenção, então podemos, quando necessário, escolher focá-la em outro lugar que não seja em nossas falhas e deficiências. (Por exemplo, posso e evito meu reflexo como uma praga nos dias em que dormi pouco e sei que pareço ter sido atropelada por um caminhão.) Essa estratégia envolve algum risco, no entanto, porque essas coisas tendem a voltar para nos assombrar. Negue para si mesmo que você é desorganizado ou mau gestor de tempo, e assim terá pouca esperança de melhorar nesses pontos. Negue para si mesmo que não enxerga bem à noite ao dirigir, e pode dar de cara em uma árvore.

Outra estratégia ineficaz, chamada de "autossabotagem", é uma prima próxima da negação. Em essência, a ideia é sabotar seu próprio desempenho deliberadamente, para que, quando fracassar, possa culpar a sabotagem e não algo sobre você — tal como sua habilidade ou caráter. Às vezes, estudantes se prejudicam ao deliberadamente não estudar para testes difíceis. Parceiros românticos podem se distanciar ou ter outros comportamentos nocivos que prejudicam o relacionamento. Em ambos os casos, quando as coisas degringolarem — o que certamente acontecerá —, o fracasso pode ser atribuído à falta de estudo ou ao distanciamento. Ambos são, em última análise, um golpe menor para a autoestima do que a possibilidade de que *eu não seja bom o suficiente*.

Mas Falando Sério, Eu Sou Muito Bom

Assim como podemos optar por ignorar nossas derrotas e fraquezas, também podemos focar nossa atenção em nossas melhores e mais brilhantes qualidades. Podemos nos deleitar com nossa própria grandiosidade, nos gabar para amigos e colegas de trabalho e nos envolver em um diálogo interno positivo com os espelhos do banheiro. Estudos mostram que algo tão simples quanto parar um momento para pensar sobre nossos valores, como honestidade, compaixão, generosidade, pode resultar em aumentos tangíveis de autoestima.

O que nos traz de volta, finalmente, ao tema deste livro.

O que Ajudar Diz sobre Mim

As pessoas fazem coisas gentis e generosas toda hora, muitas vezes porque a situação exige isso. Se alguém está com problemas em abrir uma porta, você a segura para ele. Se alguém deixar cair papéis na sua frente, você o ajuda a recolhê-los. Você faz isso quase sem pensar, porque as normas da sociedade ditam que, assim como dirigir em um determinado lado da estrada ou não urinar em público, *isso é o que você deve fazer* se quiser viver entre nós. Quando nos comportamos de maneira prestativa, não recebemos necessariamente um reforço, a menos que esse comportamento esteja explicitamente conectado à nossa identidade. Em outras palavras, não é que eu tenha feito algo útil; é que eu sou *uma pessoa prestativa*. E é aí que o reforço — e consequentemente a motivação e os benefícios adicionais para o bem-estar — reside.

Estudos mostram, por exemplo, que em crianças de 3 anos, ouvir que elas poderiam "ser ajudantes" era mais motivador e levava a mais esforço do que simplesmente "ajudar" em tarefas, como auxiliar outra criança a guardar brinquedos.

Da mesma forma, é mais provável que as pessoas votem se perguntar a elas "Para você, qual a importância de *ser um eleitor*?" um dia antes da eleição do que "Qual é a importância de você votar?".[3] E as pessoas fazem doações maiores para a caridade quando perguntadas se gostariam de ser um "doador generoso" do que quando são apenas solicitadas a doar.

Fazer uma conexão direta entre como a utilidade se relaciona com o tipo de pessoa que você é também é essencial para explorar uma fonte poderosa de reforço positivo de identidade: a gratidão. Hoje, existem pesquisas que mostram que praticar a gratidão — fazer questão de *agradecer* deliberadamente pelas coisas boas da vida — traz todos os tipos de benefícios para a felicidade e o bem-estar. Esses artigos geralmente terminam com um apelo ao leitor para começar a manter um diário de gratidão para colher todos os benefícios pessoais de ser grato.

Não há nada de errado nisso. Mas também vale a pena ter em mente o outro propósito da gratidão, ainda mais importante: fortalecer nossos relacionamentos com quem confiamos e torná-los mais propensos a nos apoiar novamente no futuro.

Historicamente, as pesquisas sobre gratidão se concentraram em sua função social, não em seu impacto em nossos cérebros. Esse corpo de pesquisa descobriu, para ser franca, que expressar gratidão a alguém que o ajuda mantém essa pessoa interessada e investida em preservar um relacionamento de longo prazo com você. Faz com que o tempo, esforço e inconveniência pareçam valer a pena.

Na mesma linha, não há nada como a *in*gratidão para azedar um relacionamento feliz. A maioria de nós pode se lembrar de uma vez em que nos chocamos ao ver como alguém foi ingrato e displicente em resposta à nossa generosidade. (E se você é pai ou mãe, talvez só tenha que se lembrar do último café da manhã.) Sem algum tipo de reconhecimento, as pessoas rapidamente param de querer ajudá-lo. Em um conjunto de estudos de Francesca Gino e Adam Grant, a ausência de agradecimento pela ajuda anterior fez com que as taxas de ajuda futura caíssem imediatamente pela metade.[4]

A gratidão é uma cola que une você e seu benfeitor, permitindo que você recorra à mesma fonte repetidas vezes quando precisar de apoio, sabendo que não irá secar.

O ponto crítico a ser lembrado ao fornecer reforço positivo de identidade é enfatizar — seja em seu pedido inicial ou em sua subsequente expressão de agradecimento — o *tipo de pessoa* que o ajudante é e como fornecer apoio a você é uma expressão de *quem eles são*. Lembre-se do que abordamos no Capítulo 6: agradecer da maneira certa significa elogiar a outra pessoa por ser gentil, generosa, altruísta e bonita. (OK, talvez não o último.) Isso não significa falar sobre como a ajuda deles permitiu que você aproveitasse suas desejadas férias ou o ajudou a impressionar o chefe. Você pode ser aquele que precisa de ajuda, mas se quiser que isso seja motivador e gratificante, precisa fazer tudo ser sobre eles.

A Identidade do Ajudante É a que Importa, Não a Sua

Lembre-se de que algo que *lhe* daria um impulso positivo de identidade não é, necessariamente, o que fará isso pelos outros. Pedir que eu doe à *Humane Society* para que possa ser uma "amiga de todos os animais" só funciona se eu realmente quiser ser amiga de todos os animais. Talvez eu odeie animais. Nesse caso, pedir que eu doe para ajudar a levar os animais abandonados para abrigos e ser uma "defensora da nossa comunidade" contra o flagelo dos cães abandonados que perambulam pelas ruas vai fazer muito mais sentido.

Muitas vezes, o mesmo comportamento que desejamos instigar para receber apoio pode servir a vários propósitos e, assim, aprimorar diferentes identidades positivas. A chave é encontrar o caminho certo.

Por exemplo, estudos sugerem que mensagens pró-ambientais são muitas vezes enquadradas em termos morais relativamente estreitos que apelam para valores liberais específicos, evocando conceitos como *injustiça*, *dano* ou *cuidado*.[5] Em consequência, essas mensagens são motivadoras apenas para liberais — ou seja, os indivíduos com potencial para extrair delas uma identidade positiva. No entanto, quando os pesquisadores enquadram essas mesmas mensagens em termos morais que atraem conservadores, incluindo conceitos como *pureza* e *santidade*, *respeito pela autoridade* e *patriotismo*, surge um padrão diferente:

Apelo liberal:

Demonstre seu amor por toda a humanidade e pelo mundo em que vivemos ajudando a cuidar de nosso vulnerável meio ambiente. Ajude a reduzir os danos causados agindo. Ao cuidar do mundo natural, você está ajudando a garantir que todos no planeta tenham acesso justo a um ambiente sustentável. Faça a coisa certa, evitando o sofrimento de todas as formas de vida e certificando-se de que ninguém tenha negado seu direito a um planeta saudável. Mostre sua compaixão!

Apelo conservador:

Mostre que você ama seu país juntando-se à luta para proteger a pureza do meio ambiente dos Estados Unidos. Orgulhe-se da tradição norte-americana de cumprir o dever cívico assumindo a responsabilidade por si mesmo e pela terra que chama de lar. Ao assumir uma postura mais rígida na proteção do meio ambiente, você estará honrando toda a Criação. Demonstre seu respeito seguindo os exemplos de seus líderes religiosos e políticos que defendem o meio ambiente da nação. Mostre seu patriotismo!

Pesquisadores descobriram que quando as mensagens pró-ambientais correspondiam aos valores políticos e morais dos participantes, eles relatavam maiores intenções de se engajar em comportamentos pró-ambientais e um endosso mais forte do perigo da mudança climática.[6] Portanto, para maximizar o reforço positivo de identidade, conheça seu público e enfatize o que é importante para eles, não para você.

Obi-Wan Kenobi, Você É a Minha Única Esperança

Em um capítulo anterior, falamos sobre a importância de evitar a *difusão de responsabilidades* ao fazer pedidos de ajuda. Enviar um e-mail para cinquenta pessoas pedindo o mesmo favor torna muito fácil para qualquer um deles dizer: "Não preciso fazer isso. Alguém vai fazer."

Mas há outro insight crítico sobre a motivação do ajudante que costuma ser negligenciado aqui: o próprio fato de outra pessoa *poder* ajudá-lo mina o potencial de reforço positivo de identidade para mim. Porque o que as pessoas realmente querem é oferecer uma ajuda exclusiva ou, para usar o termo técnico, uma ajuda "insubstituível". Ajuda que só *eles* podem dar. Porque quanto mais exclusiva for a ajuda, mais intimamente ligada estará a quem eles são.

Estudos mostram que a doação que envolve a sua "essência" — seu nome (na forma de assinatura), seus pertences pessoais ou corpo físico (por exemplo, doação de sangue) — aumenta a autopercepção de generosidade e compromisso com o apoio contínuo, em comparação com outros presentes de igual valor, como dinheiro. Ser solicitado a oferecer uma "parte de si" também tem sido associado a uma maior generosidade quando as pessoas recebem uma oportunidade futura de ajudar.[7]

Por exemplo, em um estudo, pesquisadores deram canetas aos participantes e, no final, pediram que doassem a caneta para crianças em países em desenvolvimento. Aqueles que receberam a caneta no início do estudo se classificaram como mais generosos e comprometidos do que aqueles que a receberam no final, porque já havia passado tempo suficiente para que sentissem que a caneta era realmente sua.

Em um segundo estudo, pessoas que compraram biscoitos para apoiar uma instituição de caridade e escreveram seu nome no registro de compradores se sentiram mais generosas e comprometidas do que aquelas que simplesmente pagaram pelo biscoito.

Há duas coisas aqui. A primeira é que doar uma "parte de si" — oferecer algo que só você tem — resulta em um aumento do valor subjetivo da doação. Porque uma das maiores descobertas da psicologia é algo chamado *efeito dotação*, ou seja, todos achamos que nossas coisas valem mais apenas porque são *nossas*. (Um exemplo rápido de um experimento típico: um estudante entra no laboratório. Você mostra a ele uma caneca muito bonita com a insígnia da universidade e pergunta quanto ele estaria disposto a gastar para comprá-la. Ele diz: "Três dólares." Um segundo estudante entra no laboratório. Você *dá* a ele a caneca. E pergunta quanto você teria que pagar para recuperá-la. Ele diz: "Cinco dólares." Porque agora que ele é *dono* da caneca, ela parece mais valiosa. E é por isso que toda transação imobiliária é um pesadelo.)

A segunda é que a ajuda exclusiva proporciona maior integração do ato generoso com o próprio autoconceito. Afinal, ajudar de um modo que só eu posso fazer deve dizer algo muito bom sobre mim.

Portanto, para ativar o reforço positivo de identidade, encontre maneiras de transmitir que o ajudante está em uma posição única — que você, como Obi-Wan, é a única esperança dele.

Vale Lembrar

- Todos têm uma forte necessidade de se verem como bons. Um senso positivo de identidade é um poderoso reforço de comportamento.

- Quando confrontados com evidências de que *não* somos pessoas boas, a maioria de nós as rejeita. Por outro lado, quando tivermos a oportunidade de nos vermos como pessoas boas, em vez de apenas pessoas que ocasionalmente fazem coisas boas, nós a aproveitaremos.

- Estudos mostram que para crianças de 3 anos, ouvir que poderiam "ser ajudantes" era mais motivador e levava a mais esforço do que simplesmente "ajudar" em tarefas como auxiliar outra criança a guardar brinquedos.

- Ao fornecer reforço positivo de identidade, enfatize — seja em seu pedido inicial ou em sua expressão subsequente de agradecimento — o tipo de pessoa que o ajudante é e em como o apoio dele é uma expressão de quem ele é.

Capítulo 9

O Reforço da Eficácia

Qual o sentido da vida?

Ok, calma, não vamos exagerar. Sejamos mais práticos...

O que as pessoas querem?

Ainda é uma pergunta bastante complexa — debatida por psicólogos desde os primórdios da psicologia. Antes disso, era objeto de debate dos filósofos. E, claro, ninguém é autoridade suprema no assunto. Sociólogos, cientistas políticos (e políticos), líderes militares, executivos de marketing, educadores, lobistas, ativistas e influenciadores de todas as formas e tamanhos tentam descobrir o que motiva as pessoas a fazerem o que fazem.

Se você perguntar aleatoriamente a alguém na rua, a resposta que obterá será alguma variação de "as pessoas querem ser felizes". A resposta do pai da psicologia e entusiasta de charutos Sigmund Freud — que serviu de base implícita de como os psicólogos abordaram a motivação por um século — seguiu essa mesma linha. Ele disse que os seres humanos queriam se aproximar do prazer e evitar a dor. Ponto final. Se algo faz nos sentirmos bem (ou nos recompensa em bem-estar), nós o fazemos. Se nos causa dor, nós o evitamos.

À primeira vista, isso parece uma verdade óbvia, que convenceu a comunidade científica e o público em geral. Assim, seguiram-se cem anos de tentativas de motivar pessoas encontrando formas de incentivo e punição cada vez mais eficazes.

Só que... isso não é verdade. Ou, para ser mais precisa, é um relato profundamente falho de por que os seres humanos fazem as coisas. Pois existe algo ainda mais importante do que prazer e dor, e se quer ter certeza de que outras pessoas realmente se beneficiam ao ajudá-lo, você precisa saber o que é.

Veja bem, se pensarmos um pouco, o problema de considerarmos a motivação humana como fruto de buscar o prazer e evitar a dor é bastante óbvio. As pessoas renunciam ao prazer e buscam a dor, o tempo todo. Por exemplo:

- O corredor de maratonas, que treina por horas intermináveis todos os dias em condições deliberadamente difíceis. (E não me venha com papo de corredor. Não há nada que faça alguém se *sentir bem* com esse tanto de corrida.)

- Pais que sofrem privação de sono e ansiedade constante por cuidar dos filhos. (Especialmente aquele segundo ou terceiro filho, porque, nesse ponto, você já sabe no que está se metendo.)

- Alunos que estudam o dia todo, todos os dias — disciplinas como química orgânica e cálculo avançado — para ter uma chance em um curso de medicina. (Isso, eles sabem muito bem, irá torturá-los por mais quatro anos, após os quais encontrarão o inferno da residência.)

- Soldados que conscientemente colocam suas vidas em risco para salvar companheiros ou proteger civis inocentes.

Não precisamos ser tão dramáticos nos exemplos. Pense em *você*. Pense no que fez hoje. (Ou, se estiver lendo isso de manhã, pense em ontem.) Que porcentagem do seu dia foi dedicada a coisas que você sentia prazer em fazer — coisas para as quais havia uma recompensa imediata? Ok, agora pense em quanto do que você fez foi difícil, estressante, tedioso ou desagradável. Você poderia dizer com honestidade que "buscar o prazer e evitar a dor" é o princípio orientador da *sua* vida?

Também não é o meu. De nenhum de nós. O próprio fato de as pessoas estarem, com notável frequência, dispostas a morrer por aquilo em que acreditam e pelas coisas que são importantes para elas significa que a vida *não* pode ser sobre isso. Porque o prazer acaba nesse ponto.

Todo mundo pode querer ser feliz, mas a felicidade não é a força motivadora por trás da maioria das coisas que os seres humanos fazem. Não é o que nos faz continuar. Surpreendentemente, não é um grande reforço. Portanto, você não precisa se preocupar se o seu pedido de ajuda deixará o ajudante feliz — se o *ato* de ajudar será divertido, emocionante ou prazeroso. E isso é uma boa notícia, porque a ajuda é, na maior parte, um trabalho árduo.

Até agora, falei sobre dois reforços auxiliares — senso *de grupo* e *identidade positiva*. Tecnicamente, você não precisa que ambos estejam presentes ao fazer um pedido de ajuda; qualquer um deles será suficiente. Há, no entanto, um reforço que *deve* estar presente para que o ajudante colha as recompensas de bem-estar por ajudar. Simplificando, é a oportunidade de se sentirem *eficazes*.

É Tudo sobre o Impacto

Provavelmente, nenhum psicólogo desde B. F. Skinner fez mais para moldar a ciência da motivação do que E. Tory Higgins. (Preciso ser honesta: Higgins foi meu mentor e coautor de um dos meus livros. Mas acredite em mim, o cara é bom.)

Em um de seus livros recentes, *Beyond Pleasure and Pain* ["Além do Prazer e da Dor", em tradução livre], Higgins argumentou que o desejo de se sentir eficaz — saber o que é real, controlar o que acontece e alcançar o resultado que se está procurando — é o que realmente atrai as pessoas e dá sentido às suas vidas. Queremos influenciar o mundo ao nosso redor, ter um impacto, mesmo que pequeno. Felicidade é, francamente, irrelevante. As pessoas optam, todos os dias, por viver uma vida de sofrimento e autossacrifício porque o *impacto* de suas escolhas é o que mais importa.

Os empreendedores não estão "felizes" trabalhando cem horas por semana para fazer suas startups decolarem. Atletas de nível olímpico não acham "divertido" desistir de ter uma vida normal e cheia de amigos para buscar a excelência no esporte. Não existe "prazer" na privação de sono necessária para alimentar e cuidar de um recém-nascido, noite após noite. Mas *há* impacto. Há — ou pelo menos pode haver — um sentimento de eficácia que pode nos manter seguindo sempre adiante.

O que acontece quando as pessoas não têm um sentimento de eficácia? Em curto prazo, a motivação desaparece totalmente. Pesquisas mostram que, quando as pessoas não conseguem obter nenhum tipo de feedback sobre o desempenho de uma tarefa, elas rapidamente se desvinculam dela.[1] Isso tem tudo a ver com a forma como os sistemas motivacionais do cérebro são conectados. Você gasta esforço e inicia ações apenas quando seu cérebro detecta uma discrepância entre o objetivo pretendido e a situação atual. (É por isso que, por exemplo, pesar-se regularmente quando se faz dieta é importante. Saber quanto você ainda tem a perder é uma grande parte do que o mantém nos trilhos. Ou seja, a sensação de que você está fechando a lacuna e progredindo — em outras palavras, que o que você está fazendo é eficaz.)

Em longo prazo, a falta de sentimento de eficácia está associada a níveis clínicos de desamparo e depressão. A pesquisa sugere que uma das características do pensamento depressivo é a tendência de atribuir os resultados negativos da vida a fatores que estão fora do próprio controle e relativamente estáveis.[2] (*Meus relacionamentos não funcionam porque não sou digno de amor. Não serei promovido no trabalho porque não sou talentoso. Não recebi um aumento porque meu gerente não gosta de mim*). Deixar de ter o impacto que busca em sua vida, repetidas vezes, pode criar a sensação de que você não tem poder para realizar mudanças.

Quando você não consegue se livrar da sensação de ineficácia, a falta de motivação se torna algo muito pior: falta de propósito e significado. Imagine uma pessoa que trabalha incansavelmente no lançamento de um produto, durante vários meses. O produto é lançado e começa a gerar uma receita modesta. Não é tanto quanto a pessoa esperava, mas também não é um desastre completo. Para discutir os próximos passos, ela agenda uma revisão pós-ação com a equipe e os executivos que pediram sua ajuda no projeto. Um dos executivos considera a receita do novo produto totalmente insignificante. Pior ainda, outro executivo admite que *esqueceu completamente* que a havia convidado para trabalhar no projeto. Ela sai totalmente desmotivada. Não apenas o produto no qual ela trabalhou é ineficaz, mas toda sua tarefa era tão banal que um dos patrocinadores executivos se esqueceu da sua existência.

Não é de surpreender, portanto, que o desejo de se sentir eficaz quando se trata de ajudar — de realmente ver seus esforços *funcionarem* — seja fundamental para sustentar a motivação e colher as recompensas psicológicas de ajudar. Será que se eu trabalhar noites e fins de semana para lançar um produto do qual você nem se lembra, ficarei animada para fazer qualquer projeto no futuro? Se eu doar dinheiro para a sua causa sem uma noção clara do impacto tangível que meu dinheiro está tendo na vida de outras pessoas, que tipo de gratificação posso realmente obter? Se eu escrever uma carta de recomendação para um novo emprego e não receber notícias sobre o resultado, como devo me sentir sobre o incômodo que passei por você? Como sei que valeu a pena? Além disso, como sei que meu tempo, dinheiro ou esforço não seriam mais *bem* gastos de outra maneira?

Ver a Ajuda Funcionar Significa Mais Ajuda (Mais Recompensadora)

Pesquisas deixam claro que a eficácia da ajuda é um reforço essencial. Por exemplo, considere um estudo que pedia aos participantes que doassem para uma de duas instituições de caridade diferentes: UNICEF e *Spread the Net*.[3] O apelo da UNICEF era relativamente geral e abstrato, porque a UNICEF é uma grande organização que financia uma variedade de iniciativas de saúde infantil. Embora uma doação para a UNICEF claramente beneficiasse crianças carentes, não estava claro para os doadores exatamente quem se beneficiaria e como. O apelo da *Spread the Net*, em contraste, era mais concreto e descritivo. Havia a explicação de que os fundos seriam destinados para a compra de mosquiteiros visando impedir a propagação da malária nas regiões do mundo onde ela é endêmica. Os pesquisadores descobriram que doações maiores para instituições de caridade geravam aumentos maiores no bem-estar, mas *apenas* para as pessoas que doaram para a Spread the Net (e não para a UNICEF), pois puderam entender claramente o impacto da ajuda.

A eficácia não afeta apenas os benefícios psicológicos da ajuda; também tem um impacto na probabilidade de você ajudar. Por exemplo, colocar-se no lugar de uma pessoa necessitada — e, como resultado, sentir empatia — tem mais chances de aumentar a ajuda quando as pessoas acreditam que receberão algum tipo de feedback sobre o apoio que deram.[4] Além disso, muitos pesquisadores argumentam que a razão pela qual as vítimas identificáveis recebem mais assistência do que as anônimas é a possibilidade de os ajudantes em potencial imaginarem mais facilmente a diferença que seus esforços farão.[5]

A pesquisa de Adam Grant, Francesca Gino e outros mostrou que sentimentos de eficácia também influenciam diretamente a probabilidade de fornecer suporte contínuo ao longo do tempo.[6] Em um estudo, por exemplo, estudantes que receberam uma nota de agradecimento de uma pessoa que ajudaram ficaram mais dispostos a oferecer ajuda adicional, até para outras pessoas.[7] Obviamente, a gratidão é um fator, mas tão importante quanto é saber que sua ajuda fez a diferença.

Em outro estudo, voluntários que arrecadaram fundos para uma bolsa universitária tiveram diferentes níveis de exposição aos beneficiários. Alguns não tiveram contato nenhum, outros leram uma carta de um ex-bolsista e um terceiro grupo teve a oportunidade de conhecer e interagir brevemente com um bolsista, que falou sobre como a bolsa mudou sua vida.

Um mês depois, os pesquisadores descobriram que o contato interpessoal direto com o beneficiário havia mais do que dobrado o número de minutos que os voluntários gastavam ao telefone solicitando doações e o total de doações solicitadas. Estudos de acompanhamento mostraram que esses efeitos foram obtidos porque conhecer o beneficiário de seu trabalho árduo aumentou a percepção de seu impacto e importância. Curiosamente, a simples leitura da carta não foi suficiente para impactar a arrecadação.

Em outro estudo, Grant analisou a produtividade de novos funcionários na central de atendimento de uma empresa privada no Centro-Oeste dos Estados Unidos que vendia software educacional e de marketing para instituições de ensino superior e organizações sem fins lucrativos.[8] A receita gerada por esses trabalhadores sustentou empregos em outro departamento, mas eles não tinham contato direto com essas pessoas.

Grant pediu a um beneficiário do outro departamento que fizesse uma palestra de dez minutos, para os funcionários da central de atendimento, sobre como a receita que eles geravam apoiava a criação de empregos e até a manutenção do emprego dos beneficiários. Grant descobriu que essa intervenção breve, mas poderosa, teve resultados dramáticos, quase dobrando as vendas e a receita nos meses seguintes

Esforçar-se em nome de outras pessoas pode, é claro, ser exaustivo, principalmente devido ao número de responsabilidades e estresses que cada um de nós está enfrentando. Ajudar pode ser mais do que apenas trabalho — por exemplo, quando a pessoa necessitada está perturbada ou deprimida, ajudar pode envolver tarefas psicologicamente desgastantes, como assumir perspectivas, regular emoções e resolver problemas complexos. Mas a pesquisa mostra que saber que a ajuda teve um impacto pode ajudar muito a recarregar as energias.[9]

Em um estudo, pesquisadores pediram a alunos de MBA que completassem uma pesquisa diária durante quinze dias úteis consecutivos. Eles mediram a ajuda com perguntas como "Hoje, me esforcei para ajudar colegas que pediram minha ajuda com problemas relacionados ao trabalho." Eles mediram os sentimentos de eficácia e impacto com itens como "Sinto que minha ajuda com as questões acima fez uma diferença positiva na vida dos colegas de trabalho hoje." Os pesquisadores descobriram que a sensação diária de esgotamento e fadiga dos alunos de MBA estava diretamente relacionada ao impacto da ajuda — quanto *mais* impacto tinham, *menos* esgotados se sentiam.

Como Aumentar o Sentimento de Eficácia em Seus Ajudantes

Que os ajudantes precisam se sentir eficazes para querer ajudar, se beneficiar do apoio e manter esse apoio ao longo do tempo é talvez o fator mais negligenciado quando se trata de pedir ajuda.

Aqui estão algumas coisas que você pode fazer para garantir que eles saibam que a ajuda deles funcionou:

1. **Seja claro desde o início sobre a natureza da ajuda que deseja e qual será seu impacto.** Pedidos vagos e indiretos dificultam que as pessoas imaginem como tudo vai funcionar e se terão ou não impacto. Já recebi muitos pedidos, por exemplo, de pessoas que queriam "tomar um café" comigo e "perguntar umas coisas". Digo não a esses pedidos todas as vezes. Quando não tenho ideia do que você quer; por que ou como *exatamente* posso ajudá-lo, não estou interessada. Ninguém está.

2. **Dê um retorno. Avise com antecedência que fará isso.** Não é bom ficar se perguntando se o tempo e o esforço que você investiu em algo valeram a pena. Não é bom ficar imaginando se a pessoa necessitada acabou melhor ou pior. Reserve um tempo para que as pessoas saibam o impacto que tiveram e como as coisas se desenrolaram. Avisar no momento do pedido que você pretende dar um retorno gera muito mais confiança de que eles se sentirão eficazes.

3. **Se possível, permita que as pessoas escolham como ajudar você.** Seja direto e específico sobre o tipo de ajuda que está procurando. Mas, tão importante quanto, esteja disposto a acei-

tar ofertas alternativas de ajuda, mesmo que não seja o que queria originalmente. Muitas vezes, as pessoas desejam alguma flexibilidade. Afinal, os ajudantes querem oferecer a ajuda que terá maior probabilidade de ser eficaz, algo que realmente possam fazer, dadas todas as outras demandas de tempo. Outro dia, um repórter queria marcar uma entrevista por telefone para uma reportagem sobre primeiras impressões. O cronograma era apertado e eu estava lotada de reuniões durante os próximos dois dias. Então, ofereci-me para responder às perguntas por e-mail, sabendo que, embora não fosse o ideal, pelo menos eu poderia ajudar de alguma forma. O repórter conseguiu algumas citações úteis e entregou a matéria a tempo. Acabei me sentindo bem com a ajuda que pude dar, em vez de ter que simplesmente dizer não.

Pensar no reforço da eficácia me ajudou a finalmente entender um clássico livro infantil de Shel Silverstein: *A Árvore Generosa*. Eu nunca tinha entendido de verdade o apelo daquele livro. Aqui está um pequeno resumo, caso você não tenha lido: a árvore e o menino se amam. Com o passar dos anos, cada vez mais o menino ignora e negligencia a árvore, embora ocasionalmente pare para pedir à árvore que lhe ofereça suas maçãs, galhos, tronco e assim por diante, para suprir seus motivos aparentemente egoístas, e a árvore, por amor, concorda em oferecê-los para ele. No final, quando tudo o que resta dela é um toco, o menino — agora um velho — volta a sentar-se sobre ela. Nesse ponto — que cito aqui — "A árvore estava feliz". Dizer que a árvore fica com o menor pedaço de bolo aqui é o eufemismo do século.

Mas, vista pelas lentes da eficácia, a felicidade da árvore faz sentido: a árvore é muito eficaz em dar ao menino o que ele pede. (Mas eu ainda acho que o menino é egoísta demais.)

Como um colega ou um gerente, ajudar as pessoas a ver o impacto de seu trabalho — da ajuda — é um dos motivadores mais importantes que você pode empregar.

Estamos Todos Juntos Nessa

Serei totalmente honesta. Nunca fui boa em pedir ajuda. Ou melhor, toda a minha vida fugi disso como se fosse a peste. No ensino médio, recusei-me a pedir ajuda à minha mãe, *que é alemã*, em meus deveres de casa desafiadores de tradução do alemão. Passei horas na faculdade folheando os livros da biblioteca apenas para evitar fazer ao professor assistente uma pergunta que ele levaria cinco minutos para responder. Endividei-me profundamente na pós-graduação em vez de pedir mais dinheiro aos meus pais, porque tinha vergonha de admitir que não conseguia pagar as contas. Eu limpo a minha casa *antes* que a empregada chegue, para que ela não tenha que lidar com a minha bagunça. A lista continua e continua.

Escrever este livro foi revelador para mim, porque me forçou a perceber que meu desconforto em pedir ajuda decorre exatamente dos mesmos erros que venho lhe dizendo para não cometer. Eu tenho medo de que alguém me diga não. Presumi que as pessoas pensariam mal de mim por precisar de ajuda. E pior, no fundo, acredito que ter que ajudar é horrível, e não tenho o direito de pedir isso a ninguém.

Nada disso é verdade. Nem um pouco. A evidência não poderia ser mais óbvia.

As pessoas ajudam com muito mais frequência do que não ajudam. Elas não pensam mal de você por precisar de ajuda. E ajudar, com os reforços certos, é maravilhoso. Não há melhor maneira de dar a alguém a oportunidade de se sentir bem consigo mesmo do que lhe pedir para ajudar. Traz à tona o que há de melhor — e os melhores sentimentos — em todos nós.

Então, vamos acatar as lições deste livro e começar a colocá-las em prática juntos. Farei isso se você fizer. E quando chegar o nosso momento de necessidade, não hesitemos em pedir reforços.

Vale Lembrar

➤ Eficácia é o terceiro maior reforço que quem busca ajuda precisa ter em mente. Simplificando, as pessoas querem saber que fizeram a diferença.

➤ Por outro lado, quando as pessoas sentem que seu trabalho não faz diferença, perdem a motivação. Em longo prazo, a falta do sentimento de eficácia está associada a níveis clínicos de desamparo e depressão.

➤ O desejo de se sentir eficaz quando se trata de ajudar — de realmente ver seus esforços atingirem o objetivo — é um reforço essencial tanto para manter a motivação quanto para colher as recompensas psicológicas da ajuda.

➤ Ao pedir a ajuda de alguém, certifique-se de enfatizar qual será o impacto. E quando você lhe agradecer — e você vai agradecer, não é? —, certifique-se de avisá-lo dos resultados de seus esforços.

Referências Bibliográficas

Capítulo 1

1. Comunicação pessoal, 7 de janeiro de 2017.
2. Michael Luo, "'Excuse Me. May I Have Your Seat?'", *New York Times*, 14 de setembro de 2004, http://www.nytimes.com/2004/09/14/nyregion/excuse-me-may-i-have-your-seat.html.
3. *Ibid.*
4. N. Weinstein e R. M. Ryan, "When Helping Helps: Autonomous Motivation for Prosocial Behavior and Its Influence on Well-Being for the Helper and Recipient", *Journal of Personality and Social Psychology* 98, nº 2 (2010): 222.
5. Matt Lieberman, *Social: Why Our Brains Are Wired to Connect* (Nova York: Crown Publishers, 2013), 43.
6. David Rock, *Your Brain at Work* (Nova York: HarperCollins, 2009).
7. K. D Williams e B. Jarvis, "Cyberball: A Program for Use in Research on Interpersonal Ostracism and Acceptance", *Behavior Research Methods* 38, nº 1 (2006): 174–180.

Capítulo 2

1. F. J. Flynn e V. K. Lake, "If You Need Help, Just Ask: Underestimating Compliance with Direct Requests for Help", *Journal of Personality and Social Psychology* 95, nº 1 (2008): 128.

2. Ibid.

3. Ibid.

4. V. K. Bohns "(Mis)Understanding Our Influence Over Others: A Review of the Underestimation-of-Compliance Effect", *Current Directions in Psychological Science* 25, nº 2 (2016): 119–123.

5. D. A. Newark, F. J. Flynn e V. K. Bohns, "Once Bitten, Twice Shy: The Effect of a Past Refusal on Expectations of Future Compliance", *Social Psychological and Personality Science* 5, nº 2 (2014): 218–225.

6. Comunicação pessoal, 7 de janeiro 2017.

7. Flynn, "If You Need Help, Just Ask."

8. Comunicação pessoal, 7 de janeiro 2017.

9. Ibid.

10. Peter Economy, "Steve Jobs on the Remarkable Power of Asking for Help", *Inc.*, 11 de junho de 2015, http://www.inc.com/peter-economy/steve-jobs-on-the-remarkable-power-of-asking-for-what-you-want.html.

11. R. B. Cialdini, *Influence, Revised Edition* (Nova York: HarperCollins, 1987).

12. R. B. Cialdini *et al.*, "Reciprocal Concessions Procedure for Inducing Compliance: The Door-in-the-Face Technique", *Journal of Personality and Social Psychology* 31 (1975): 206–215.

Capítulo 3

1. Benjamin Franklin e Hanna Amelia (Noyes) Davidson, *Autobiography of Benjamin Franklin: With Selections from His Other Writings* (Boston: DC Heath & Co, 1908).

2. J. Jecker e D. Landy, "Liking a Person as a Function of Doing Him a Favour", *Human Relations* 22, nº 4 (1969): 371–378.

3. M. E. McCullough, R. A. Emmons e J. A. Tsang, "The Grateful Disposition: A Conceptual and Empirical Topography", *Journal of Personality and Social Psychology* 82, nº 1 (2002): 112.

4. F. Martela e R. M. Ryan, "The Benefits of Benevolence: Basic Psychological Needs, Beneficence, and the Enhancement of Well-Being", *Journal of Personality* 84, nº 6 (2016): 750–764.

5. J. G. Holland, *The Life of Abraham Lincoln* (Springfield, MA: Gurdon Bill, 1866), 78–79.

6. R. B. Cialdini, B. L. Darby e J. E. Vincent, "Transgression and Altruism: A Case for Hedonism", *Journal of Experimental Social Psychology* 9, nº 6 (1973): 502–516.

7. M. Estrada-I-Iollenbeck e T. F. Heatherton, "Avoiding and Alleviating Guilt through Prosocial Behavior", em J. Bybee, *Guilt and Children* (Amsterdam: Elsevier, 1997), 215.

8. J. F. Helliwell e R. D. Putnam, "The Social Context of Well-Being", *Philosophical Transactions of the Royal Society B: Biological Sciences* 359, nº 1449 (2004): 1435.

9. E. W. Dunn, L. B. Aknin e M. I. Norton, "Spending Money on Others Promotes Happiness", *Science* 319, nº 5870 (2008): 1687–1688; e C. E. Schwartz, P. M. Keyl, J. P. Marcum e R. Bode, "Helping Others Shows Differential Benefits on Health and Well-Being for Male and Female Teens", *Journal of Happiness Studies* 10, nº 4 (2009): 431–448.

Capítulo 4

1. M. S. Hagger, N. L. Chatzisarantis, T. Culverhouse e S. J. Biddle, "The Processes by Which Perceived Autonomy Support in Physical Education Promotes Leisure-Time Physical Activity Intentions and Behavior: A Trans-Contextual Model", *Journal of Educational Psychology* 95, nº 4 (2003): 784.

2. G. C. Williams *et al.*, "Motivational Predictors of Weight Loss and Weight-Loss Maintenance", *Journal of Personality and Social Psychology* 70, nº 1 (1996): 115.

3. G. C. Williams, Z. R. Freedman e E. L. Deci, "Supporting Autonomy to Motivate Patients with Diabetes for Glucose Control", *Diabetes Care* 21, nº 10 (1998): 1644–1651; G. G. Williams, M. Gagné, R. M. Ryan e E. L. Deci, "Facilitating Autonomous Motivation for Smoking Cessation", *Health Psychology* 21, nº 1 (2002): 40; e R. M. Ryan, R. W. Plant e S. O'Malley, "Initial Motivations for Alcohol Treatment: Relations with Patient Characteristics, Treatment Involvement, and Dropout", *Addictive Behaviors* 20, nº 3 (1995): 279–297.

4. R. J. Vallerand, M. S. Fortier e F. Guay, "Self-Determination and Persistence in a Real-Life Setting: Toward a Motivational Model of High School Dropout", *Journal of Personality and Social Psychology* 72, nº 5 (1997): 1161.

5. R. M. Ryan, S. Rigby e K. King, "Two Types of Religious Internalization and Their Relations to Religious Orientations and Mental Health", *Journal of Personality and Social Psychology* 65 (1993): 586–586.

6. J. Rodin e E. J. Langer, "Long-Term Effects of a Control-Relevant Intervention with the Institutionalized Aged", *Journal of Personality and Social Psychology* 35, nº 12 (1977): 897.

7. D. B. Thoman, J. L. Smith e P. J. Silvia, "The Resource Replenishment Function of Interest", *Social Psychological and Personality Science* 2, nº 6 (2011): 592–599.

8. M. R. Lepper, D. Greene e R. E. Nisbett, "Undermining Children's Intrinsic Interest with Extrinsic Reward: A Test of the 'Overjustification' Hypothesis", *Journal of Personality and Social Psychology* 28, nº 1 (1973): 129.

9. V. K. Bohns e F. J. Flynn, "'Why Didn't You Just Ask?' Underestimating the Discomfort of Help-Seeking", *Journal of Experimental Social Psychology* 46, nº 2 (2010): 402-409.

10. A. M. Isen, M. Clark e F. Schwartz, "Duration of the Effect of Good Mood on Helping: 'Footprints on the Sands of Time'", *Journal of Personality and Social Psychology* 34, nº 3 (1976): 385.

11. F. J. Flynn, "Identity Orientations and Forms of Social Exchange in Organizations", *Academy of Management Review* 30, nº 4 (2005): 737-750.

12. S. C. Lin, R. L. Schaumberg e T. Reich, "Sidestepping the Rock and the Hard Place: The Private Avoidance of Prosocial Requests", *Journal of Experimental Social Psychology* 64 (2016): 35-40.

Capítulo 5

1. C. Korte, I. Ypma e A. Toppen, A. "Helpfulness in Dutch Society as a Function of Urbanization and Environmental Input Level", *Journal of Personality and Social Psychology* 32, nº 6 (1975): 996.

2. M. Schaller e R. B. Cialdini, "Happiness, Sadness, and Helping: A Motivational Integration", em E. T. Higgens e R. M. Sorrentino (eds.), *Handbook of Motivation and Cognition: Foundations of Social Behavior*, vol. 2 (Nova York: Guilford Press, 1990).

3. C. N. DeWall, R. F. Baumeister, N. L. Mead e K. D. Vohs, "How Leaders Self-Regulate Their Task Performance: Evidence That Power Promotes Diligence, Depletion, and Disdain", *Journal of Personality and Social Psychology* 100, nº 1 (2011): 47.

4. B. Latane, S. A. Nida e D. W. Wilson, "The Effects of Group Size on Helping Behavior", *Altruism and Helping Behavior*, 287–313.

5. B. Latane e J. M. Darley, "Group Inhibition of Bystander Intervention in Emergencies", *Journal of Personality and Social Psychology* 10, nº 3 (1986): 215.

6. R. L. Shotland e M. K. Straw, "Bystander Response to an Assault: When a Man Attacks a Woman", *Journal of Personality and Social Psychology* 34, nº 5 (1976): 990.

7. V. K. Bohns e F. J. Flynn, "'Why Didn't You Just Ask?' Underestimating the Discomfort of Help-Seeking", *Journal of Experimental Social Psychology* 46, nº 2 (2010): 402–409.

8. R. B. Cialdini, "The Science of Persuasion", *Scientific American Mind* 14, nº 1 (2004): 70–77; e D. R. Shaffer, M. Rogle e C. Hendrick, "Intervention in the Library: The Effect of Increased Responsibility on Bystanders' Willingness to Prevent a Theft", *Journal of Applied Social Psychology* 5, nº 4 (1975): 303–319.

9. S. E. Anderson e L. J. Williams, "Interpersonal, Job, and Individual Factors Related to Helping Processes at Work", *Journal of Applied Psychology* 81, nº 3 (1996): 282.

10. Departamento de Estatísticas do Trabalho, 2009.

11. R. Manning, M. Levine e A. Collins, "The Kitty Genovese Murder and the Social Psychology of Helping: The Parable of the 38 Witnesses", *American Psychologist* 62, nº 6 (2007): 555.

12. Martin Gansberg, "37 Who Saw Murder Didn't Call the Police", *New York Times*, 27 de março de 1964, http://www.nytimes.com/1964/03/27/37-who-saw-murder-didnt-call-the-police.html.

13. Sarah Kaplan, "Winston Moseley, Killer in Kitty Genovese Case That Became a Symbol of Urban Apathy, Dies in Prison at 81", *Washington Post*, 5 de abril de 2016, https://www.washingtonpost.com/news/morning-mix/wp/2016/04/05/winston-moseley-killer-in-kitty-genovese-case-that-became-a-symbol-of-urban-apathy-dies-in-prison-at-81/.

14. J. M. Darley e B. Latane, "Bystander Intervention in Emergencies: Diffusion of Responsibility", *Journal of Personality and Social Psychology* 8, n° 4p1 (1968): 377.

15. Lucas 10:29-37. Bíblia Sagrada. Nova Versão Internacional.

16. J. M. Darley e C. D. Batson, "'From Jerusalem to Jericho': A Study of Situational and Dispositional Variables in Helping Behavior", *Journal of Personality and Social Psychology* 27, n° 1 (1973): 100.

Capítulo 6

1. D. C. Feiler, L. P. Tost e A. M. Grant, "Mixed Reasons, Missed Givings: The Costs of Blending Egoistic and Altruistic Reasons in Donation Requests", *Journal of Experimental Social Psychology* 48, n° 6 (2012): 1322-1328.

2. S. B. Algoe, L. E. Kurtz e N. M. Hilaire, "Putting the 'You' in 'Thank You': Examining Other-Praising Behavior as the Active Relational Ingredient in Expressed Gratitude", *Social Psychological and Personality Science* 7, n° 7 (2016): 658-666.

Capítulo 7

1. K. Lagattuta e D. Weller, "Interrelations between Theory of Mind and Morality", em M. Killen, J. G. Smetana, e J. Smetana (eds.), *Handbook of Moral Development* (Londres: Psychology Press, 2014), 385-407.

2. H. Bernhard, U. Fischbacher e E. Fehr, "Parochial Altruism in Humans", *Nature* 442, n° 7105 (2006): 912-915.

3. S. M. Gaddis, "Discrimination in the Credential Society: An Audit Study of Race and College Selectivity in the Labor Market", *Social Forces* 93, n° 4 (2014): 1451-1479.

4. C. L. Martin, "Attitudes and Expectations about Children with Nontraditional and Traditional Gender Roles", *Sex Roles* 22, nº 3-4 (1990): 151-166.

5. J. M. Burkart, S. B. Hrdy e C. P. Van Schaik, "Cooperative Breeding and Human Cognitive Evolution", *Evolutionary Anthropology: Issues, News, and Reviews* 18, nº 5 (2009), 175-186.

6. H. Tajfel, "Social Psychology of Intergroup Relations", *Annual Review of Psychology* 33, nº 1 (1982): 1-39.

7. A. P. Fiske, "The Four Elementary Forms of Sociality: Framework for a Unified Theory of Social Relations", *Psychological Review* 99, nº 4 (1992): 689.

8. L. M. Hackel, J. Zaki e J. J. Van Bavel, "Social Identity Shapes Social Valuation: Evidence from Prosocial Behavior and Vicarious Reward", *Social Cognitive and Affective Neuroscience* 12, nº 8 (2017): 1219-1228.

9. D. N. Den Hartog, A. H. De Hoogh e A. E. Keegan, "The Interactive Effects of Belongingness and Charisma on Helping and Compliance", *Journal of Applied Psychology* 92, nº 4 (2007): 1131.

10. J. J. Van Bavel e W. A. Cunningham, "Self-Categorization with a Novel Mixed-Race Group Moderates Automatic Social and Racial Biases", *Personality and Social Psychology Bulletin* 35, nº 3 (2009): 321-335.

11. P. B. Carr e G. M. Walton, "Cues of Working Together Fuel Intrinsic Motivation", *Journal of Experimental Social Psychology* 53 (2014): 169-184.

Capítulo 8

1. N. Schwarz *et al.*, "Ease of Retrieval as Information: Another Look at the Availability Heuristic", *Journal of Personality and Social Psychology* 61, nº 2 (1991): 195.

2. W. B. Swann *et al.*, "Allure of Negative Feedback: Self-Verification Strivings among Depressed Persons", *Journal of Abnormal Psychology* 101, nº 2 (1992): 293.

3. C. J. Bryan, G. M. Walton, T. Rogers e C. S. Dweck, "Motivating Voter Turnout by Invoking the Self", *Proceedings of the National Academy of Sciences* 108, nº 31 (2011): 12653–12656.

4. Francesca Gino e Adam Grant, "The Big Benefits of a Little Thanks", *Harvard Business Review*, novembro de 2013, https://hbr.org/2013/11/the-big-benefits-of-a-little-thanks.

5. S. Clayton, A. Koehn e E. Grover, "Making Sense of the Senseless: Identity, Justice, and the Framing of Environmental Crises", *Social Justice Research* 26, nº 3 (2013): 301–319.

6. C. Wolsko, H. Ariceaga e J. Seiden, "Red, White, and Blue Enough to Be Green: Effects of Moral Framing on Climate Change Attitudes and Conservation Behaviors", *Journal of Experimental Social Psychology* 65 (2016): 7–19.

7. M. Koo e A. Fishbach, "Giving the Self: Increasing Commitment and Generosity through Giving Something That Represents One's Essence", *Social Psychological and Personality Science* 7, nº 4 (2016): 339–348.

Capítulo 9

1. G. Oettingen *et al.*, "Nonconscious Goal Pursuit: Acting in an Explanatory Vacuum", *Journal of Experimental Social Psychology* 42, nº 5 (2006): 668–675.

2. Martin E. Seligman, *Learned Optimism: How to Change Your Mind and Your Life* (Nova York: Vintage, 2001).

3. L. B. Aknin *et al.*, "Making a Difference Matters: Impact Unlocks the Emotional Benefits of Prosocial Spending", *Journal of Economic Behavior & Organization* 88 (2013): 90–95.

4. K. D. Smith, J. P. Keating e E. Stotland, "Altruism Reconsidered: The Effect of Denying Feedback on a Victim's Status to Empathic Witnesses", *Journal of Personality and Social Psychology* 57, nº 4 (1989): 641.

5. K. Jenni e G. Loewenstein, "Explaining the Identifiable Victim Effect", *Journal of Risk and Uncertainty* 14, nº 3 (1997): 235–257; e D. A. Small e G. Loewenstein, "Helping a Victim or Helping the Victim: Altruism and Identifiability", *Journal of Risk and Uncertainty* 26, nº 1 (2003): 5–16.

6. A. M. Grant, "Does Intrinsic Motivation Fuel the Prosocial Fire? Motivational Synergy in Predicting Persistence, Performance, and Productivity", *Journal of Applied Psychology* 93, nº 1 (2008): 48.; e A. M. Grant *et al.*, "Impact and the Art of Motivation Maintenance: The Effects of Contact with Beneficiaries on Persistence Behavior", *Organizational Behavior and Human Decision Processes* 103, nº 1 (2007): 53–67.

7. A. M. Grant e F. Gino, "A Little Thanks Goes a Long Way: Explaining Why Gratitude Expressions Motivate Prosocial Behavior", *Journal of Personality and Social Psychology* 98, nº 6 (2010): 946.

8. A. M. Grant, "Leading with Meaning: Beneficiary Contact, Prosocial Impact, and the Performance Effects of Transformational Leadership", *Academy of Management Journal* 55, nº 2 (2012): 458–476.

9. K. Lanaj, R. E. Johnson e M. Wang, "When Lending a Hand Depletes the Will: The Daily Costs and Benefits of Helping", *Journal of Applied Psychology* 101, nº 8 (2016): 1097.

Índice

A

aberto, 89
ajudar, benefícios de, 92–93
ajuda, tipos de, 7–9
   autônoma, 9
   controlada, 9
   gratificante, 7
   transacional, 97
Algoe, Sara, 104
alívio do estado negativo, 44
ameaças, 14–15
ameaça social, 13, 60
apoio, 5–7
arbítrio pessoal, 6–7

associação coletiva, 112–113
autoconhecimento, 132–135
autoestima, 15, 134, 139
autonomia, 14
   necessidade de, 60
   senso de, 98
autopercepção, 133
autossabotagem, 140

B

Batson, Daniel, 87–89
benefício próprio, 104–105
benefícios psicológicos, 6–7
benfeitor, 103, 106, 143
Bohns, Vanessa, 3, 19, 64

C

Carr, Priyanka, 124

categoria, 114

    psicologicamente juntos, 125

cegueira por desatenção, 75

cérebro humano, 12

cérebros, 11

Chabris, Christopher, 76

Cialdini, Robert, 29, 43

comparação, 13

comparação social, 13

comparação social descendente, 138

compensadores, 41

comportamento "correspondente", 103

comportamento organizacional, 3

comportamento prestativo e solidário, 5

condicionamento operante, 8

conexões, 12, 14

controle, 14-18

cooperação, 5

correlação ilusória, 118

córtex cingulado anterior dorsal, 11

culpa, 57-72

Cunningham, Will, 123

D

dACC, 11

Darley, John, 78, 87

depressão, 14, 46

desconforto, 5

desconforto psicológico, 65

difusão de responsabilidades, 83, 146

dissonância cognitiva, 30, 37

doadores, 41, 58

dor social, 11-13

Dunn, Elizabeth, 48-49

E

efeito dotação, 147-148

efeito espectador, 83-85

efeitos da rejeição, 15

eficácia, 107, 153, 156

Eisenberger, Naomi, 11–13

elogio ao outro, 104–105

empatia, 93–95

equipes multifuncionais, 5–7

escolha, sentimento de, 14

esforço, 23–25

estilo explicativo, 139

estudos do metrô, 4–7

experiência compartilhada, 129–130

experimentos, 4–7

explícito e detalhista, 89–90

F

Flynn, Frank, 66–72

Franklin, Benjamin, 35–50

Freud, Sigmund, 149–164

G

generosidade, 59–72

gerenciamento de projetos, 5–18

gestão, 5–7

Gino, Francesca, 143, 156

Grant, Adam, 40, 58, 103, 143, 156

gratidão, 69, 103, 142, 156

  tipos de, 104

grupo, 112

  senso de, 106

H

Hackel, Leor, 121–130

Higgins, E. Tory, 152–164

Hilaire, Nicole, 104–108

I

identidade

  intragrupo compartilhada, 96

  positiva, 106, 152

  senso de, 132

igualdade, 15–18

ilusão da transparência, 9–18

impacto, 153, 156

incertezas interpessoais, 14–18

inibição do público, 77–90

interações, 13–18

J

Jecker, Jon, 38–50

Jobs, Steve, 25–34

jogo do ultimato, 15–18

justiça, 15–18

K

Kurtz, Laura, 104–108

L

Landy, David, 38–50

Latane, Bibb, 78–90

Lepper, Mark, 63–72

Lieberman, Matt, 12–18

Lincoln, Abraham, 44–50

M

Martela, Frank, 42–50

medo, 5, 8

metas compartilhadas, 126–130

Milgram, Stanley, 4–18

motivação, 23

  extrínseca, 125

  falta de, 154

  fonte potencial de, 60

  humana fundamental, 107

  intrínseca, 62, 125

  poderosa fonte de, 92

motivação intrínseca, 63, 93

motivadores, 9–18

N

necessidades, 14–18

negação, 139–148

neurociência social, 11–18

O

obrigação

  senso de, 69–72

organizações sem fins lucrativos, 157–164

P

Palmer, Amanda, 96–108

paradigma, 15–18

paradigma do grupo mínimo, 120–130

pensamentos contraditórios, 37–50

pertencimento, 14–18

pessoas, 9–18

picos de felicidade e bem-estar, 58–72

pressão psicológica e interpessoal, 22–34

prestativas, 58–72

previsões, 13–18

propósito e significado
  falta de, 154–164

prosopagnosia, 111–130

psicólogos, 9–18

R

razoável, 89–90

reciprocidade, 67

coletiva, 69, 103

coletiva compartilhada, 93

pessoal, 68

relacional, 68, 96, 103

recompensas, 13, 14, 64

rejeição, 15–18

relação, 14–18

resiliência, 139–148

responsabilidade
  difusão de, 84–90

responsabilidade social
  senso de, 30–34

resultados, 15–18

Rock, David, 12–18

Ryan, Richard, 42–50

S

sabedoria coletiva, 79–90

seletivos, 75–90

sensibilidade, 14–18

senso de grupo, 152–164

senso de valor, 13–18

Shotland, Lance, 79–90

Silverstein, Shel, 160–164

Simons, Dan, 76–90

Skinner, B. F., 8, 152

sobrevivência, 12–18

Straw, Margaret, 79–90

Swann, William, 136–148

T

Tajfel, Henri, 120–130

tática de vendas, 31–34

  pé na porta, 31

  porta na cara, 28

tipos de recompensas ou incentivos, 59–72

tomada de perspectiva

  falha na, 21–34

  tomadores, 41, 58

V

valor, 13–18

Van Bavel, Jay, 121, 123

virtudes essenciais do caráter, 35–50

W

Walton, Greg, 124–130

Wedell-Wedellsborg, Thomas, 91–108

Z

Zaki, Jamil, 121–130

Projetos corporativos e edições personalizadas dentro da sua estratégia de negócio. Já pensou nisso?

Coordenação de Eventos
Viviane Paiva
viviane@altabooks.com.br

Contato Comercial
vendas.corporativas@altabooks.com.br

A Alta Books tem criado experiências incríveis no meio corporativo. Com a crescente implementação da educação corporativa nas empresas, o livro entra como uma importante fonte de conhecimento. Com atendimento personalizado, conseguimos identificar as principais necessidades, e criar uma seleção de livros que podem ser utilizados de diversas maneiras, como por exemplo, para fortalecer relacionamento com suas equipes/ seus clientes. Você já utilizou o livro para alguma ação estratégica na sua empresa?

Entre em contato com nosso time para entender melhor as possibilidades de personalização e incentivo ao desenvolvimento pessoal e profissional.

PUBLIQUE SEU LIVRO

Publique seu livro com a Alta Books. Para mais informações envie um e-mail para: autoria@altabooks.com.br

/altabooks   /alta-books   /altabooks   /altabooks

CONHEÇA OUTROS LIVROS DA ALTA BOOKS

Todas as imagens são meramente ilustrativas.

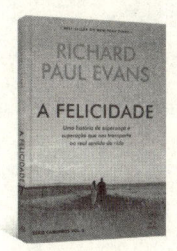

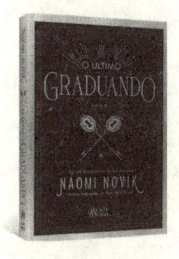

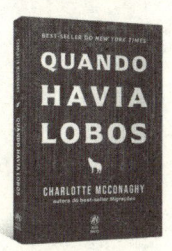

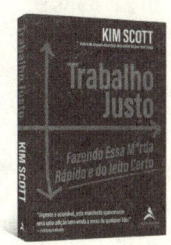

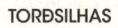

ALTA BOOKS EDITORA   ALTA LIFE   ALTA NOVEL   ALTA CULT EDITORA   ALTA BOOKS GRUPO EDITORIAL

ALTA GEEK   TORDESILHAS   EDITORA ALAÚDE

Este livro foi impresso nas oficinas gráficas da Editora Vozes Ltda.,
Rua Frei Luís, 100 – Petrópolis, RJ.